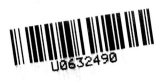

今注本二十四史

漢書

七

表〔五〕志〔一〕

漢 班固 撰 唐 顏師古 注

孫曉 主持校注

中國社会科学出版社

漢書　卷二〇

古今人表第八[1]

[1]【顔注】師古曰：但次古人而不表今人者，其書未畢故也。【今注】案，何焯《義門讀書記》卷一六曰："今人則褒貶具于書中，雖云'總備古今之略要'，其實欲人因古以知今也。師古謂不表今人，其書未畢故也，恐非。"錢大昕《廿二史考異·漢書一》曰："今人不可表，表古人以爲今人之鑒，俾知貴賤止乎一時，賢否著乎萬世；失德者雖貴必黜，修善者雖賤猶榮。後有作者繼此而表之，雖百世可知也。觀孟堅序但云'究極經傳、總備古今之略要'，初不云褒貶當代，則知此表首尾完具。小顔所云，蓋未喻孟堅之旨。"梁玉繩《人表考》曰："若表今人，則高祖諸帝悉在優劣之中，豈孟堅所敢出哉？"楊樹達《漢書窺管》據本書卷九七上《外戚傳上》記張賀語："曾孫體近，下人乃關内侯。"本書卷五四《李廣傳》記李蔡爲人在下中。疑漢世品藻人倫，本有九等之説，而班固因以立表。

自書契之作，先民可得而聞者，經傳所稱，唐虞以上，帝王有號謚，輔佐不可得而稱矣，[1]而諸子頗言之，雖不考虖孔氏，然猶著在篇籍，歸乎顯善昭惡，勸戒後人，故博采焉。[2]孔子曰："若聖與仁，則吾豈敢？"[3]又曰："何事於仁，必也聖乎！"[4]"未知，焉得仁？"[5]

“生而知之者，上也；學而知之者，又其次也；困而不學，民斯爲下矣。”[6] 又曰：“中人以上，可以語上也。”[7] “唯上智與下愚不移。”[8] 傳曰，譬如堯、舜，禹、稷、卨與之爲善則行，[9] 鮌、讙兜欲與爲惡則誅。[10] 可與爲善，不可與爲惡，是謂上智。桀、紂，龍逢、比干欲與之爲善則誅，[11] 于莘、崇侯與之爲惡則行。[12] 可與爲惡，不可與爲善，是謂下愚。[13] 齊桓公，管仲相之則霸，豎貂輔之則亂。[14] 可與爲善，可與爲惡，是謂中人。因兹以列九等之序，究極經傳，繼世相次，總備古今之略要云。[15]

[1]【顔注】文穎曰：言遠，經傳不復稱序也。師古曰：契，謂刻木以記事。自唐虞以上帝王有號見於經而，其臣佐不可得而稱記也。

[2]【今注】案，何焯《義門讀書記》卷一六曰：“此班氏以史遷但考信六藝猶有疏略，故復著此表，存其大都，雖百家所言，不遺其人也。”

[3]【顔注】師古曰：此孔子自謙，不敢當聖與仁也。

[4]【顔注】師古曰：言能博施於人而濟衆者，非止稱仁，乃爲聖人也。

[5]【顔注】師古曰：言智者雖能利物，猶不及仁者所濟遠也。【今注】案，周壽昌《漢書注校補》曰：“班氏引此，蓋云尚未能爲智，焉得即爲仁也。合上所引，以證其上上聖人，上中仁人，上下智人三等之序，重取智者，非抑詞也。師古注云云不獨非引書本旨，亦不合本句語氣。”

[6]【顔注】師古曰：困，謂有所不通也。【今注】案，大德本、殿本“困而不學”前有“困而學之，又其次也”。又“學而知

之者，又其次也”作“學而知之者，次也”。

［7］【顔注】師古曰：言中庸之人漸於訓誨，可以知上智之所知也。

［8］【顔注】師古曰：言上智不染於惡，下愚雖教無成。自此已上皆見《論語》。凡引此者，蓋班氏自述所表先聖後仁及智愚之次，皆依於孔子者也。

［9］【顔注】師古曰：傳，謂解説經義者也。

［10］【顔注】師古曰：鮌，檮杌也。讙兜，渾敦也。【今注】案，王先謙《漢書補注》引王先慎以爲“與”下當有“之”字，下“龍逢、比干欲與之爲善則誅，于莘、崇侯與之爲惡則行”，文法正同。

［11］【顔注】師古曰：關龍逢，桀之臣也；王子比干，紂之臣也；皆直諫而死也。

［12］【顔注】師古曰：于莘，桀之勇人也。崇侯，紂之佞臣也。【今注】于莘：梁玉繩《人表考》以爲“于”當爲“干”。《吕氏春秋·當染》高誘注云“干莘，桀之邪臣”，注《慎大》云“桀之諛臣”。此言“勇人”，未知所出。又表無崇侯，爲傳寫失之。

［13］【今注】案，錢大昕《廿二史考異·漢書一》：“依此文，桀、紂當並列九等。今表以紂與妲己、飛廉、惡來列九等，而桀與末喜、于莘乃在八等”，“皆轉寫之譌脱也”。

［14］【顔注】師古曰：豎貂，即寺人貂也。

［15］【顔注】張晏曰：老子玄默，仲尼所師，雖不在聖，要爲大賢；文伯之母達於禮典，動爲聖人所歎，言爲後世所則；而在第四。田單以即墨孤城復强齊之大；魯連之博通，忽於榮利；藺子申威秦王，退讓廉頗；乃在第五。大姬巫怪，好祭鬼神，陳人化之，國多淫祀；寺人孟子違於大雅，以保其身，既被宫刑，怨刺而作，乃在第三。嫪毐上烝，昏亂禮度，惡不忍聞，乃在第七。其餘差違紛錯不少，略舉揚較，以起失謬。獨馳騖於數千歲之中，旁貫諸子，事業未究，而尋遇竇氏之難，使之然乎？師古曰：六家之

論，輕重不同；百行所存，趣拾難壹。張氏輒申所見，掎摭班史，然其所論，又自差錯。且年代久遠，墳典隳亡，學者舛駁，師論分異，是以表載古人名氏，或與諸書不同。今則特有發明，用暢厥旨。自女媧以下，帝鴻以前，諸子傳記，互有舛駁，叙説不同，無所取正，大要知其古帝之號而已。諸人士見於史傳，彰灼可知者，無待解釋。其間幽昧者，時復及焉。

上上	聖人	大昊帝宓羲氏[1]			
上中	仁人	女媧氏[2]	共工氏[3]	容成氏[4]	大廷氏[5]
上下	智人				
中上					
中中					
中下					
下上					
下中					
下下	愚人				

柏皇氏	中央氏	粟陸氏	驪連氏	赫胥氏	尊盧氏

沌渾氏[6]	昊英氏	有巢氏	朱襄氏	葛天氏	陰康氏

			炎帝神農氏[8]		
亡懷氏[7]	東扈氏	帝鴻氏	悉諸 炎帝師。	少典 炎帝妃，生黄帝。	列山氏

	黄帝軒轅氏[9]			
歸臧氏	方雷氏 黄帝妃，生玄囂，是爲青陽。	絫祖 黄帝妃，生昌意。[10]	肜魚氏 黄帝妃，生夷鼓。	㑪母 黄帝妃，生倉林。[12]
		黄帝史。[11]		
	蚩尤			

封鉅 黄帝師。	大填 黄帝師。	大山稽 黄帝師。	力牧	風后	鬼臾區[13]

				少昊帝金天氏[15]	
封胡	孔甲	岐伯	泠淪氏[14]	五鳥	五鳩[16]

	顓頊帝高陽氏			
昌僕 昌意妃，生顓頊。	女禄 顓頊妃，生老童。	嬌極 老童妃，生重黎。	吴回[17]	后土
	九黎			

蓐收	玄冥	熙[18]	柱	師味[19]	允格

臺駘[20]	窮蟬 顓頊子，生敬康。	大款 顓頊師。	柏夷亮父 顓頊師。[21]	緑圖 顓頊師。

	帝嚳高辛氏[22]			
僑極 玄囂子，生帝嚳。	姜原 帝嚳妃，生弃。	簡逿 帝嚳妃，生契。[23]	陳豐 帝嚳妃，生堯。[24]	娵訾 帝嚳妃，生摯。

祝融	陸終 祝融子。	女潰 陸終妃，生六子：一曰昆吾，二曰參胡，三曰彭祖，四曰會乙，五曰曹姓，六曰季連。

廖叔安[25]	丹人	赤松子 帝嚳師。	栢招 帝嚳師。	句望 敬康子，生蟜牛。[26]	帝摯

帝堯陶唐氏[27]				
女皇 堯妃，散宜氏女。	羲仲	羲叔	和仲	和叔
朱 堯子。	鬬伯		實沈	
共工	讙兜		三苗	

倉舒	隤敳[28]	檮戭[30]	大臨	尨降[31]	咎繇
	女志 鮌妃，有㜪氏女，生禹。[29]				
鮌					

仲容	叔達	栢奮	仲堪	叔獻	季仲	栢虎

仲熊	叔豹	季熊[32]	尹壽 堯師。	被衣[33]	方回[34]	王兒[35]

						帝舜有虞氏[37]
嚳缺	許繇[36]	巢父	子州	支父		娥皇 舜妃。
						敤手 舜妹。[38]
					鼓叜 蟜牛子， 生舜。	

女罃 舜妃。[39]		姞人 弃妃。[40]		
	董父石	户之農	北人亡擇	雒陶[41]
象 舜弟。	商均 舜子。			

	禼	垂	朱斯	栢譽[43]	栢益
續身	栢陽	東不訾	秦不虛[42]		

		帝禹夏后氏		
龍	夔	女趫 禹妃，塗山氏女，生啓。[44]	啓 禹子。	
	昭明 离子。	奚仲	相土 昭明子。	六卿
				昌若 相土子。
			有扈氏[45]	

			相土子根圉昌若子[49]
不窋[46] 弃子。			
			胤
	根圉 昌若子。		
		中康 太康弟。[47]	
太康 啓子，昆弟五人，號五觀。		羲和[48]	

	有扔君[50]			武羅
	相 中康子。		后緡 相妃，生少康。	
后夔玄妻				
		逢門子		
	羿[51]			韓浞[52]

				少康 相子。	
			靡		女艾
栢因	熊髡	庬圉[53]			
			斟灌氏		斟尋氏[56]
			殪[55]		
		奡[54]			

二姚 少康妃。				芬[59]	芒 槐子。
	冥 根圉子。		垓 冥子。[58]		微 垓子。
虞后氏		杼 少康子。[57]		槐 杼子。	
栢封叔					

泄	不降		劉綦[61]	
鞠 不窋子。		扃 不降弟。[60]		
報丁 微子。		報乙		報丙
		孔甲 不降子。		

公劉 鞠子。					
			闞龍逢[64]		
	廑[63]				
	主壬	主癸			
皋[62]		發	韋[65]	鼓[67]	
			癸[66] 發子，是爲桀。	末嬉 桀妃。	于辛

			帝湯殷商氏[71]		
				有㜊氏 湯中妃，生大丁。[73]	
				仲虺[74]	
				虞公遂	逢公
				慶節 公劉子。	
昆吾[68]					
	雅侈[69]	葛伯[70]	尹諧[72]		

			大丁	伊尹	
老彭	義伯	中伯[76]		卞隨	
栢陵	費昌[75]		終古 夏太史令。		外丙 大丁弟。
		皇僕 慶節子。			

咎單[77]			太甲 大丁子。		
務光					
	中壬 外丙弟。			沃丁 太甲子。	大庚 沃丁弟。
		差弗[78] 皇僕子。			

		大戊 雍己弟。	巫咸[81]		
		伊陟[79]		臣扈[82]	
小甲 大庚子。	雍己 小甲弟。	孟獻 益後。	中衍		中丁 大戊弟。
		毀隃[80] 差弗子。			

		祖乙 河亶甲弟。			
外壬 中丁弟。	河亶甲 外壬弟。	巫賢			
				祖辛 祖乙子。	沃甲 祖辛弟。
	公非 毁隃子。		辟方 公非子。[83]		高圉 辟方子。

		大彭	豕韋		陽甲 祖丁子。
祖丁 祖辛子。	南庚 沃甲子。				
	夷竢 高圉子。[84]			亞圉 高圉子。	

盤庚 陽甲弟。				武丁 小乙子。	傳説[88]
	小辛 盤庚子。		小乙 小辛弟。		
				劉姓豕韋[87]	
雲都 亞圉弟。[85]		公祖[86] 亞圉子。			

	甘盤[89]		大王亶父 公祖子。		姜女 大王妃。
祖己		孝己	祖伊		
				祖庚 武丁子。	
					甲 祖庚弟。

	太伯		中雍		王季
馮辛 甲子。		庚丁 馮辛弟。			
				武乙 庚丁子。	

	大任 王季妃，生文王。		微子 紂兄。	箕子		比干
大丁 武乙子。		乙 大丁子。				
			辛 乙子，是爲紂。		妲己 紂妃。[90]	

	伯夷	叔齊			
			太師摯	亞飯干[92]	
			膠鬲	微中	商容[94]
費中[91]			飛廉	惡來[93]	左强

三飯繚[95]		四飯缺	鼓方叔	播鞉武[98]	少師陽
師涓[96]	梅伯	邢侯	鬼侯[97]		

				文王周氏	
					大姒 文王妃。
擊磬襄[99]					虢中
伯達	伯适[100]		中突	中曶[101]	
		伯邑考 文王子。			楚熊麗 鬻子。[102]

		大顛	閎夭	散宜生	
虢叔[103]			粥熊[104]		
	叔夜	叔夏	季隨	季騧[105]	
				虞侯	芮侯[106]

南宫适[107]				祭公[110]	
辛甲	周任	史扁[108]	向摯 殷大史。		
		成叔武 文王子。		霍叔處 文王子。	
		吴周章 中雍曾孫。			
		芮伯[109]			巢伯[111]

武王 文王子。					
師尚父	畢公 文王子。		太師庇	少師强	
邑姜 武王妃。	大姬 武王妃。		曹叔振鐸 文王子	毛叔鄭 文王子。	
檀伯達[112]		蘇忿生[113]		滕叔繡 文王子。	
		杜伯	楚熊狂 麗子。	虞中 周章弟。	
					季勝 惡來弟。

	虞閼父	陳胡公滿 舜後。			衛康叔封 文王子。
	原公 文王子。	部子 文王子。[114]			雍子 文王子。
杞東樓公 禹後。		邘侯 武王子。		韓侯 武王子。	
			秦女妨 惡來子。		

				周公 文王子。	
成王誦 武王子。			召公 周同姓。	史佚[118]	
		聃季載[115] 文王子。		君陳	芮伯[120]
	酆侯 文王子。		郇侯 文王子。[116]		唐叔虞 武王子。
齊丁公伋 師尚父子。			魯公伯禽 周公子。		凡伯 周公子。
楚子繹 狂子。			孟會[117] 季勝子。		
禄父 紂子。		管叔鮮 文王子。		蔡叔[119] 文王子。	

		師伯[121]		毛公[122]	
		應侯 武王子。		右史戎夫[123]	祝雍
	蔣侯 周公子。		邢侯	茅侯 周公子。	胙侯 周公子。
蔡中胡 叔度子。					

師氏[124]		龍臣[127]			中桓
	邘叔[125]	商子			
	祭侯[126] 周公子。			晉侯燮 虞子。	
			衞康叔[128] 封子。		陳申公 滿子。

南宮髦[129]			康王釗 成王子。[131]		
秦旁臯 女防子。	楚熊艾 繹子。	宋微中 啓子。[130]		魯孝公[132] 伯禽子。	
			蔡伯 胡子。		楚熊亶 艾子。
				蔡侯宫[133] 伯子。	
			祭公	辛繇靡[134]	

齊乙公 丁公子。		晉武公 燮子。		秦大几 旁臯子。	
	宋公稽 仲子。		衞孝伯 康伯子。		陳柏公[136] 申公弟。
衡父 孟增子。					
	昭王瑕 康王子。			房后[135]	

				穆王滿 昭王子。	
魯煬公[137] 孝公子。			齊癸公 乙子。[140]		秦大雒 大乙子。[141]
	陳孝公[138]	造父 衡父子。[139]			徐隱王[142]

吕侯[143]		君牙[145]		伯臩[146]	
	楚熊盤艾子。[144]		衛嗣伯孝伯子。		
		鉛陵卓子			楚熊鍚盤子。

	祭公謀父[148]			密母
衛疌[147] 嗣伯子。		秦非子 大雒子。		
		宋愍公 共公子。[149]		衛靖伯 疌子。
		共王伊扈 穆王子。		晉成侯 武侯子。
	魯幽公 煬公子。		齊哀公 癸公子。	密康公
				宋煬公 愍公弟。

		楚摯紅 渠子。[152]	
	陳慎侯 孝侯子。[151]		蔡厲侯 宣侯子。[153]
懿王堅[150] 穆王子。詩作。			
	齊胡公 哀公弟。		魯魏公 幽公弟。

秦嬴 非子子。			秦侯 嬴子。	
	衛貞伯 靖伯子。		魯獻公 厲公弟。	
魯厲公 魏公子。		晉厲侯 成侯子。		
孝王辟方[154] 共王弟。				夷王摺[155] 懿王子。
楚熊摯 渠子。		宋厲公 愍公子。		

		宋弗父何 愍公子。			
					共伯和[157]
	燕惠公 邵公九世。			宋釐公 厲公子。[156]	
衛頃侯 貞伯子。			楚熊延 摯弟。		蔡武侯 厲侯子。
			齊武公 獻公子。		杞題公 東樓子。[158]
齊獻公 胡公弟。					

芮良夫						
		史伯[160]	宋父何子。	秦中伯子。		魯武公慎公弟。
	曹夷伯振鐸六世。[159]		魯慎公獻公子。		齊文公厲公弟。	
	衛鳌公頃公子。		楚熊勇延子。		晉靖侯厲侯子。	
	曹幽伯夷伯子。		陳幽公慎公子。		齊厲公武公子。	
厲王胡夷王子。		衛巫		楚熊嚴勇子。		

			嘉父		譚大夫
	秦嚴公 仲子。			楚熊霸 嚴子。	
晉釐侯 靖侯子。		楚熊紃 嚴弟。[161]			
郲顏	夏父	蔡夷侯 武侯子。			楚熊罣[163] 紃子。
魯懿公 武公子。			叔術	盱[162]	
		伯御 魯懿公兄子。			

					周宣王靖 厲王子。	
召虎		方叔		南中	中山父	
寺人孟子			伯陽父		史伯	
				宋世子士[164]		
衛武公 釐公子。				宋惠公 釐公子。		
	陳釐公 幽公子。			晉獻侯 釐侯子。		晉繆侯 獻侯子。
衛共伯 釐公子。						

申伯	尹吉父	韓侯	蹶父[165]		張中
師服					
	蔡夷侯		奄父 造父六世孫。		鄭桓公友
燕釐侯 十世。			宋戴公 惠公子。[166]		
		齊成公 文公子。		魯孝公 懿公子。	

程伯休父[167]				
	虢文公			
陳武公 釐公子。		蔡釐侯 夷侯子。	燕頃侯 十一世。	
曹戴伯 幽子。[168]				
晉殤公 繆公弟。[169]		幽王宮涅 宣王子。	褒姒	虢石父

	齊嚴侯 成侯子。[170]		陳夷公 武公子。	
曹惠伯 戴伯子。				
	皇父卿士	司徒皮[171]		大宰家伯[172]

					秦襄公嚴子。
		楚若敖咢子。			
陳平公夷公弟。					
	膳夫中術[173]		内史撖子[174]	趣馬蹶[175]	

		文子			
魯惠公 孝公子。			晉文侯仇 繆侯子。		
				秦文公 襄公子。	
	師氏萬[176]				申侯

辛有					
趙叔帶 奄父子。		宋武公 戴公子。			衛嚴公 武公子。
	楚蔿敖 若敖子。		鄭武公 桓公子。		
				平王宜臼	

		[177]			
		陳文公 平公子。		宋宣公 武公子。	
燕哀侯 十二世。		燕鄭侯 十三世。			蔡共侯 釐公子。[178]
	晉昭侯 文侯子。		潘父	曹桓公 繆公子。	
	曹繆公 惠公子。			曲沃桓叔 晉文侯弟。	

		宋大金 考父子。			
楚盆冒 甯子。[179]			宋繆公和 宣公弟。		蔡桓侯封人 宣侯子。
	齊釐公 嚴公子。	燕繆侯 十四世。		陳桓侯鮑 文侯子。[180]	
蔡戴侯 侯公子。		蔡宣侯 戴侯子。			
	晉孝侯 昭侯子。		曲沃嚴伯 桓叔子。		

		臧釐伯			石碏[182]
		邾儀父		潁考叔	
	展亡駭				
			鄭嚴公寤生 武公子。		
魯隱公 惠公子。		公子翬[181]		衛桓公完 嚴公子。	

		鄭公子吕		曹嚴公亦姑 桓公子。[184]
宋司徒皇父			司空牛父	
叔段	晉鄂侯 孝侯子。[183]			宰咺[185]
	公子州吁			芮伯

				臧哀伯
	楚武王 蚠冒弟。			鄧曼 楚武王夫人。
公子穀生		彨班[186]		桓王林 平王孫，泄父子。
		宋殤公 宣公子。		
			魯桓公 惠公子。	

宋孔父 大金子。				衛太子伋	公子壽
		魯施父			
秦憲公 文公子。[187]					
			衛宣公晉 桓公子。		
華督[188]			蔡哀侯 桓侯弟。		晉哀侯 鄂侯子。
	夫人文姜		彭生	陳厲公 桓公弟。	

				隨季良	
	鬭伯比		熊率且比[189]		
宋嚴公馮 繆公子。		燕宣公 十五世。			觀丁父
虞公	虞叔			楚瑕丘[190]	
	晉小子侯 哀侯子。			秦出公曼[191]	

			魯申繻		楚保申[193]
	鄭祭足	楚文王 武王子。			
	薳章[192]		嚴王佗 桓王子。		
隨少師			魯嚴公同 桓公子。		
	鄭厲公突 嚴公子。		夫人哀姜		
				長狄僑如	

	王子成父				
雖甥	聃甥[194]		養甥		謝丘章
鄧祁侯		衛惠公朔宣公子。		公子黔牟	
					鄭昭公忽厲公兄。

			齊寺人費[197]	
	辛甲[195]			
左公子泄		潘和[196]	秦武公 出公兄。[198]	
		高渠彌		鄭子亹 昭公弟。
周公黑肩			連稱	
			齊襄公兒[199]	

			王青二友[202]	
石之紛如[200]				齊桓公小白 襄公弟。
	燕桓侯 十六世。			齊公子糾
		右公子職		王子克
管至父		雍人稟[201]		鮒里乙
	公子亡知			

[203]					
鮑叔牙		召忽[205]		隰朋	
	高傒[204]				王子成父
		蕭叔大心		石祁子	
	魯公孫隱	顓孫[206]		曹釐公夷 嚴公子。	
紀侯	紀季	齊伯氏	寺人貂		易牙
宋愍公捷 嚴公子		南宮萬	子游	猛獲	南宮牛

甯戚		宋仇牧		魯曹劌[210]
		賓須亡	麥丘人	
	原繁			
	宋桓公御說[208] 愍子弟。			
常之巫[207]			衛公子開方	
	鄭子嬰齊[209] 子亹子。		傅瑕	晉愍侯 哀侯弟。

				楚粥拳	
輪邊[211]			平陵老		愚公
	秦德公 武公弟。			秦宣公 德公子。	
	釐王胡齊 嚴王子。			陳宣公杵臼 嚴公弟。	
		曲沃武公 嚴公子。			王子頹

陳公子完 佗子。			虢史嚚	
	息嬀		虢叔	
		燕嚴侯 十七世。		鄭文公椄 厲公子。
	息侯	惠王母涼[212]		鄭高克
蔿國		邊柏	楚杜敖[213] 文王子。	

			宰孔	
周内史過				召伯
	魯禦孫			
		彊鉏		
公孫素		陳轅濤塗		楚申侯
	陳大子禦寇			魯公子牙

魯公子季友				魯公子奚斯
	楚屈完[214]			
廖		齊中孫湫[215]		
秦成公 宣公弟。			曹昭公班 釐公子，作詩。	
	魯公子般		魯閔公啓 嚴公子。	
	圉人犖		公子慶父	

			衛弘貪[217]		荀息
				卜偃	辛廖[218]
	許夫人		先丹木	羊舌大夫	
		衛戴公 黔牟子。		趙夙	
					史華龍滑
卜齮[216]		衛懿公 惠公子。		晉獻公 武公子。	

	宋公子目夷			
	梁餘子養		罕夷	申生
史蘇	魯釐公[219]			楚逢伯
畢萬 畢公後。		士蔿	臣猛足[221]	
	奚齊	卓子[220]		
	優施	梁五	東關五	
晉驪姬				

宮之奇			百里奚
狐突		秦繆公 成公弟。	
	衞甯嚴子		富辰
井伯	衞文公 戴公弟。		
趙孟 夙子，生衰。[222]			蔡繆公
虞公 爲晉所滅，大王後。			虢公 爲晉所滅，王季後。

			奄息		中行[223]
	秦繆夫人		公孫枝		繇余[224]
晉冀芮		慶鄭	韓簡	鄭叔詹	
宋襄公 桓公子。			蔡嚴侯 穆侯子。		
		許釐公			襄王鄭[225]
		鄭子華		曹共公 昭公子。	

	鍼虎[226]			
	蹇叔	燭之武		内史叔興
皇武子		鳌負羈妻[227]		曹豎侯獳[229]
燕襄公 十八世。			梁卜招父[228]	
		晉惠公 獻公子。		
	惠后			梁伯
	王子帶			

	卜徒父		禽息	王廖[233]	
			楚子玉		鬬宜申
		衞元咺[230]			
里克		虢射	宋襄公成公子。[232]		
				晉懷公惠公子。	
		楚成王惲[231]			

		甯武子			
			狐偃	趙衰[235]	
	晉文公 獻公子。			夫人姜氏	
	成大心		欒悼子[234]		晉李離
叔武		鍼嚴子			
		齊孝公 桓公子。			
		衛成公 文公子。			曹共公 昭公子。[236]
潘崇					

	哀妻	介子推		推母	
魏犨 畢萬子。		顛頡	胥臣	賈佗[238]	
	寺人披		曹文公壽 共公子。		
倉葛		鄭繆公蘭 文公子。			石臭[239]
	鄭子臧				
		齊公子無詭[237]			

	郤縠	舟之僑		荀林父	
	董因	豎頭須		齊國嚴子	
燕桓公 十九世。			秦康公 繆公子。		
		陳繆公 宣公子。			
					周頃王 王臣
	齊昭公 孝公子。[240]				

先軫	狼瞫[241]	陽處父[242]	甯嬴	臾駢[244]
周内史叔服		孟明視	西乞術	
晉襄公 文公子。		朱文公[243]		宋子哀
陳共公 繆公子。		魯文公		周匡王班[245]
		夏父不忌		宋昭公[246]

		鄭弦高		
士會[247]	繞朝	石癸		公孫壽
	邾子貜且[248]			
			齊君舍 昭公子。	
	胥申父		狐射姑[249]	
				楚繆王商臣[250]

叔仲惠伯		宋方叔 嘉子。		
	蕩意諸		公冉務人	卜楚丘
	魯公孫敖		蔡文公 𨟠公子。[252]	
	單伯	魯叔孫得臣		秦共公 康公子。
	魯宣公[251]			
			邴歜[253]	閻職
			齊懿公商人[254]	

欒豫		董狐		
	晉趙盾 衰子。			鉏麑
單襄子		靈輒	祁彌明[255]	
		晉成公黑臀 靈公弟。		
	晉趙穿			
	晉靈公夷皋 襄公子。			

宋伯夏叔子			鬭伯比[257]	
		鄭子良 士良子[256]		
	秦桓公 共公子。			衛穆公速
			周定王榆[258]	
			鄭靈公[259]	
			陳靈公	

令尹子文				
楚嚴王 穆王子。			王孫滿	
	泄冶	孔達	王子伯廖[261]	
		逢大夫		王礼子[262]
	宋文公鮑 昭公弟。			翟豐舒
	公子[260]		子公	
	夏姬	孔寧	儀行父	

楚薳賈		申叔時			孫叔敖
箴尹克黄		魏顆[265]			五參
	晉解陽		荀尹[266]		箕鄭
	魯公子歸生[263]			申舟	齊惠公懿公弟。
	召伯[264]			毛伯	少師慶
	晉先縠		楚子越		

陳應[267]		申公申培[268]		欒伯
	公子雍		秦景公 桓公子。	
		陳成公 靈公子。		燕宣公 二十世。
	士亹	鄭襄公堅 靈公子。[269]		衛繆公 成公子。

優孟	鄭公子弃疾			子反
楚鄖公		鍾儀[270]	楚共王 嚴王子。	
		曹宣公廬 文公子。		
		周簡王夷 定王子。		
				穀陽豎

		逄丑父	賓媚人	
	晉郤克	辟司徒妻[272]		
吴壽夢 中雍後，十五世。[271]				鄭悼公 襄公子。
魯成公 宣公子。		齊頃公 惠公子。		衛定公 繆公子。

				曹劌時[273]
范文子 士燮。			臧宣叔	
荀罃		鄭賈人		伯宗
	申公巫臣			王孫閱
	衞子良夫		中叔于奚	
鄭公子班		曹成公負芻 宣公弟。		

	韓獻子厥			程嬰	
伯宗妻		秦醫緩		桑田巫	
		燕昭公 二十一世。			趙朔 盾子。
宋共公瑕			晉景公 成公子。		
	屠顏賈[274]				宋蕩子[275]

羊舌			公孫杵臼[278]	
呂相		郤至		
	郤犨	郤錡[277]		中行偃
宋平公 成公子。[276]			叔孫僑如	
	晉厲公 景公子。			

	劉康公		單襄公[280]		苗賁皇
	姚句耳[279]			吕錡	養由基
	胥童	欒書	羊魚[281]	鮑嚴子牽	
公子偃		長魚矯			

	叔嬰齊	宋華元	孟獻子	
	叔山舟	匡句須[284]		
向于[282]	鄭成公綸[283]			燕武公 二十二世。
		羊斟		
		宋魚石		慶克

欒正求		牧中	晉悼公周		
鮑國	晉解狐		祁午	韓亡忌	
		鄭廖[286]		楊干	子服佗
國佐[285]					

鄭唐[287]		楚工尹襄		祁奚	羊舌職
銅鞮伯華					魯匠慶
	叔梁紇[288]				秦堇父
			靈王泄心 簡王子。		
		楚公子申			公子壬夫

	魏絳	張老	籍偃	汝齊
	衛柳壯[290]			
	狄斯彌[291]		士鞅	
魯襄公[289]			齊靈公環 頃公子。	
	鄭釐公 成公子。			
				程鄭[292]

	宋子罕		向戌	范宣子士匄。
吴諸樊[293]		齊晏桓子	楚子囊	
尹公佗		庾公差	公孫丁	
	衛獻公衎定公子。			
子駟		孫蒯	朱庶其[294]	
	西鉏吾			

	晉邢蒯		齊殖綽	
鄭師慧	衛大叔儀		公子鱄	
無終子嘉父		姜戎駒支		楚令尹子南
衛殤公焱 獻公弟。[295]				孫文子 林父。
鄭尉止			衛甯喜	

鄭游眅[296]			齊杞梁	
曹武公勝 成公子。		鄭簡公嘉 釐公子。		
	觀起[297]			燕文公 二十三世。
	福陽子 妘姓。[298]			

	范武子[299]			
魯季文子				
殖妻	華州[300]		祝佗父[302]	
晉陽		罕		行人子員[303]
		魯國歸父[301]		鄭公孫夏
楚屈建		魯臧堅		宋華臣

			晉叔向	向母[305]
樂王鮒			楚申叔豫	
		申蒯	陳不占	士鞅[306]
		子朱	楚湫舉[304]	
		燕懿公 二十四世。		楚康王 共王子。
	晉叔魚		齊崔杼	慶封
巢牛臣			宋伊戾	

		蘧伯玉		吴季札	
齊大史三人			南史氏		陳文子
衛右宰穀臣			厚成子	衛公子荆	
蘧奄	趙武 朔子。		鬷蔑[308]		
慶嗣	吴遏 壽夢子。		晉平公彪 悼公子。		
吴餘祭[307]				景王貴 靈王子。	

鄭子產		晏平仲		
	卞嚴子			臧文仲[311]
絳老人		史趙	士文伯	
鄭子皮				
晉亥唐			秦醫和	
齊陳桓子[309]		衛襄公惡 獻公子。		
	魯昭公稠[310]			
齊嚴公光 靈公子。			楚夾敖 康王子。	

仲尼					
太子晉			左丘明		
		宰我		子貢	
鄭卑湛[312]				行人子羽	
晉船人固來[313]					舟人清涓[316]
	曹平公 武公子。				北燕伯款
晉昭公夷 平公子。			燕惠公 二十五世。		
	蔡景侯[314]			蔡靈侯[315]	

顔淵	閔子騫			冉伯牛
冉有	季路		子游	
馮簡子	子大叔		衛北宫文子	
			劉定公	
		魯謝息		鄭定公 簡公子。
		陳惠公 哀公孫。		
陳公子招	周儋桓伯		魯南蒯	
陳哀公弱 成公子。		吴餘昧[317] 餘祭弟。		

		仲弓		
子夏		曾子[318]		子張
	魯叔孫豹		狐丘子林	
	公孫楚		公孫黑	
		燕悼公 二十六世。		
鄭孔張		周原伯魯		
莒子庚輿		晉頃公 昭公子。		
	宋寺人柳		魯豎牛	楚靈王圍[319]

	曾皙		子賤	
	晉趙文子[321]		孟釐子	
韓宣子厥[320]		魯叔孫昭子		
薳啓彊		申子文亹[322]		左史倚相
宋元公佐平公子。			蔡平侯景侯子。	
	晉邢侯		雍子	

南容[323]			公冶長	公西華	
	孟懿子		南宫敬叔[326]		郯子
楚薳罷[324]		吴厥由[325]		衛史鼂	
	申亡宇		申亥 亡宇子。	晉籍談	
	樊頃子		司徒醜	子鼂	賓猛[328]
楚公子比			觀從[327]		

有若	漆彫啓		澹臺滅明[329]		
	老子			南榮疇[330]	
	師曠			屠蒯	
子鉏商		周史大弢			蜎子[331]
					齊景公杵臼 嚴公弟。
		蔡悼侯 靈侯孫。			梁丘據
周悼王猛 景王子。					

	樊遲	巫馬期		司馬牛	
子服惠伯		晉荀吴		裨竈	
			孝成子		齊虞人
	曹桓公[332]			南宫極	
				敬王丐[333] 景王子，悼王兄。	

子羔	原憲	顏路	商瞿[334]		季次
公伯寮		公肩子			子石
里析		梓慎		申須	
	越石父		栢常騫		燕子于
	裔款		許男[335]		
頓子		胡子髡		沈子逞	
				起平王棄疾[336]靈王弟。	

公良			顔刻		
	隰成子[337]		琴牢[338]		
林既		北郭騒		逢於何	
		魏獻子 絳孫。			司馬彌牟
				燕共公 二十七世。	
陳夏齧		魯季平子		宋樂大心	
		費亡極		曹聲公 悼公弟。	

司馬穰苴[339]					楚伍奢
		司馬篤		魏戍	
			公叔務人		楚太子建
	季公鳥	吳僚 餘昧子。[340]			

	伍尚			魯師已	
智徐吾		孟丙[342]		成鱄[343]	
			燕平公 二十八世。		
寺人僚相[341]				臧昭伯	厚昭伯[344]
曹隱公通 平公弟。					

			楚子西		公子闔
	子家羈			吴孫武	
闔沒		汝寬		楚司馬子期	
專諸		秦哀公 景公子。			楚昭王 平王子。
			吴王闔廬		
		吴夫槩[345]			

	五子胥[346]		江上丈人	
申包胥			蔡墨	楚史皇
	沈尹戌		衛彪傒[347]	
		鍾建		鄭獻公禹[348] 定公子。
	楚郄宛		越王允常 夏少康後。	
徐子章禹			衛靈公元 襄公子。	

史魚		公叔文子			中叔圉
	王孫由于			鑢金[352]	
	萇弘		員公辛[351]		
			宋景公兜欒 元公子。		
鬭且[349]			魯定公		宋昭公
南子		蒯聵[350]			宋朝

	祝佗[354]		王孫賈		公父文伯母
屠羊説[353]			莫敖大心		蒙穀
	王孫章[355]	楚石奢		劉文公卷[358]	
	宋中幾		齊高張		
	郳嚴公	夷射姑[356]			楚囊瓦
	彌子瑕	雍渠 黎且子。[357]			

			衞公子逞		
	陳逢滑		司馬狗[360]		
			季康子		公父文伯
榮駕鵞[359]				秦惠公 哀公孫。	
		唐成公		蔡昭侯 悼侯弟。	
			季桓子		

	觀射父[361]				
顏讎由		大夫選		陳司城貞子	
			東野畢		
					鄭聲公勝獻公子。
	晉定公頃公子。			陳懷公惠公子。	
		曹靖公路聲公子。			

顔燭鄒[362]			郰亡卹		王良
				周舍	
				趙簡子 武子孫。[364]	
滕悼公	許幼	莒郊公			邾悼公[365]
		范吉射[363]			

		鳴犢		竇犨	
	栢樂[368]		陽城胥渠		
田果[366]		行人燭過			
		韓悼子[369] 宣子子。			
			頓子		胡子
中行寅[367]				杞隱公 悼公子。	

越句踐 允常子。[370]				大夫種
扁鵲		董安于		田饒
	燕簡公 二十九世。			
齊國夏			桑掩胥	
	薛襄子[371]			小邾子
	杞釐公 隱公子。			曹伯陽 爲宋所滅。

	范蠡				
		后庸		諸稽到[376]	
	仇汜		榮聲期[374]		
嚴先生[372]					秦悼公 惠公弟。[377]
		魯哀公[373]			
			齊悼公陽生[375]		
		公孫彊			

	苦成[379]		皋如		
	楚芋尹文[380]				隰斯彌
			燕獻公 三十世。		
齊晏孺子[378]				高昭子[381]	
		鮑牧		田恒 陳乞子。	
	田乞 完六世孫。			齊簡公壬[382]	

	葉公子高				
計然					
	市南熊宜僚			大陸子方	
	楚白公勝		屈固		
	楚惠王章昭王子。			申鳴	孔文子
	諸御鞅		衛太叔遺		衛出公輒[383]
		子我	子行		

				儀封人	
嚴善		魯大師			公明賈
	檀弓		公儀中子		
		大叔疾			陳轅頗
		渾良夫[384]			

		朱張		少連
達巷黨人				
	長沮[385]		桀溺	
	陳亢[386]		子服景伯	
皋魚		顏亡父		顏噲倫
	蔡成公 昭公子。		齊平公驁 簡公子。[388]	
孔悝	石乞	狐黶[387]	衛簡公蒯聵	

丈人		何蕢[390]		楚狂接輿
	林放			陳司敗
		顔夷		陳弃疾[391]
	厥黨童子[389]			革子成[392]
		原壤	叔孫武叔	衞公孫朝

				孟之反
				師襄子
	陳子禽[393]		陽膚	尾生高[396]
	工尹商陽			齊禽敖[397]
			周元王赤敬王子。	
		尾生晦[394]		
衞侯起		石國[395]	陽虎	

			大連		
			師己[398]		賓牟賈
		申棖	師冕[399]		鄭戴勝之[401]
		餓者		陳子亢	
晉出公 定公子。					公之魚
	互鄉童子			茀肸[400]	
					陳愍公 爲楚所滅。

顔丁		顔柳	周豐	
公肩瑕[402]			衛視夷[404]	
南郭惠子		姑布子卿	宋子韋	
陳尊己				秦厲共公悼公子。
		宋桓魋		匡人
	公山不狃[403]			

采桑羽[405]			樂正子春	
		史留	豫讓	青荓子[408]
公輸般		離朱[406]	陳大宰喜	
				鄭共公丑 哀公弟。
	貞定王 元王子。			
杞愍公 釐公子。			杞釐公[407]	
			吴王夫差	

	石𩀌			子服子
			趙襄子 簡子子。	
吴行人儀		鄭駟魁纍[409]		
		晉定公 昭公子。		
			晉哀公忌	
		鄭哀公易 聲公子。		蔡聲侯産 成侯子。
		太宰嚭		

		惠子		
知過[410]		鮑焦	墨翟	
燕考公桓 三十一世。		魏桓子 獻子曾孫。		
智伯		齊宣公 平公子。		
	蔡侯齊 爲楚所滅。			杞簡公春 爲楚所滅。

公房皮[411]				
禽屈釐[412]				我子
韓康子 貞子子。		高赫	原過	
		田襄子 悼子子。		魯悼公 出公子。
蔡元侯 聲侯子。		衞悼公 出公叔子。		衞敬公 悼公子。
	思王叔襲 定王子。		周考哲王嵬 思王弟。	

	田俅子[413]		隨巢子	
任章		中山武公 周桓公子。		韓武子 康子子。
		燕成公 三十二世。		秦躁公 厲公子。[415]
		西周桓公 考王弟。		
			秦懷公 躁公立。[414]	

			段干木	
胡非子			魏文侯 桓子孫。	
		公季成		司馬庾
				趙獻侯 襄子兄孫。
魯元公 悼公子。			周威公[416] 桓公子。	
	衞懷公 敬公弟。			周威烈王 考王子。

田子方		甯越		大史屠黍
		李克		魏成子[418]
	司馬喜			
		趙桓子 襄子弟。		
			東周惠公 威公子。[417]	
		鄭幽公 共公子。		

		翟黄		任座[420]	
		躬吾君[419]			牛畜
			司馬期		趙公中達[421]
楚簡王 惠王子。			燕愍公 三十三世。		
	秦靈公 懷公孫。				
宋昭公 景公子。			晉幽公 懿公子。		

	李悝[423]			趙倉堂	
		荀訢			徐越
	田大公和			秦簡公 厲公子。[425]	
樂陽[422]			趙烈侯 獻侯子。		
		衛慎公 敬公子。[424]			
					楚聲王 簡王子。

屈侯鮒	西門豹		公儀休	
			魯穆公 元公子。	
	韓景侯虔 武侯子。[426]			孫子[427]
	燕釐公 三十四世。		秦惠公 簡公子。	
				晉列侯 幽公子。
		元安王驍 威烈王子。		

子思				
	泄柳	申詳		
	費惠公[429]		顏敢[430]	王慎
	南宮邊		列子	
	趙武公 列侯弟。			
		宋悼公 昭公子。		楚悼公 聲王子。
鄭繚公駘[428]				
				鄭相駟子陽

	長息	公明高		嚴仲子	
			魏武侯文侯子。		烈侯子。[431]
韓烈侯景侯子。			吴起	韓文侯	
				韓相俠絫	
		齊康公爲田氏所滅。			

聶政	聶政姊			孟勝	
	陽成君			大監突	
趙敬侯 烈侯子。		魏惠王 武王子。[432]			
宋休公 悼公子。		晉孝公 列公子。			秦出公 惠公子。
			韓哀侯 文侯子。		

			孟子	
徐弱		白圭	騶忌	孫臏[434]
	徐子		齊威王 田桓侯子。	
齊桓侯 和子。			趙成侯 敬侯子。	
		楚肅王 悼王子。		韓懿侯 哀侯子。
鄭康公乙 爲韓所滅。			晉靖公任伯[433] 爲韓魏所滅。	

			田忌	
		章子		
燕桓公 三十五世。				秦獻公 靈公子。
魯共公 繆公子。			龐涓[435]	
	周夷烈王喜 元安王子。			

				趙良	
	太史儋			商鞅	申子
大成午					甘龍
	趙肅侯成侯子。		秦孝公獻公子。		韓昭侯懿侯子。
宋辟公休公子。		衛聲公慎公子。		楚唐蔑	

			屈宜咎	
杜摯		子桑子[437]		被雍[439]
	燕文公 桓公子，三十六世。			安陵纏[440]
	衛成公 聲公子。[436]			楚宣王 肅王子。[441]
		周顯聖王扁 夷烈王子。[438]		

鐸椒		鄭敖子華[442]			史舉
昭奚恤		江乙	沈尹華		
		蘇秦	張儀	齊宣王辟彊威王子。	
			魯康公[443]		
	宋剔成君辟公子。			巖蹻[444]	

	閭丘光[445]				
馮赫	淳于髡		昆辯[446]		
		靖郭君			於陵中子
	魯景公 康公子。			唐尚	

		閭丘印	顔歜[450]		王升[452]
司馬錯	犀首	公中用[449]	史起	蕩疑[451]	
秦惠王 孝王子。[447]		魏襄王 惠王子。		韓宣王 昭王子。	
楚威王[448]		衛平公 成公子。		衛嗣君 平公子。	
				慎靚王 顯王子。	

尹文子		番君	唐易子	
	魏哀王 襄王子。			韓襄王 宣王子。
	燕易王 三十七世。			周昭文君
	魯平公 景公子。			燕王噲 三十八世。
	越王無彊 句踐十世。爲楚所滅。[453]			

			屈原		
如耳		西周武公[454]			陳軫
	赧王延 慎靚王子。	蘇代		蘇厲	
				馬犯	周景
		子之	楚懷王 威王子。		
			夫人鄭袖		

	漁父				
昭廷[455]					
占尹	應豎		秦武王 惠王子。		
宋遺	上官大夫		烏獲	軋子	⿱耳灬子[458]
令尹子椒		子蘭		孟説[457]	
靳尚		魏昭王 哀王子。[456]			魯愍公 平公子。
				趙武靈王 肅侯子。	

				肥義	
樗里子[459]					
任鄙	公羊子		穀梁子		萬章
	沈子[460]			北宫子	
	戚子[461]	根牟子		申子	慎子
		楚頃襄王懷王子。			衞懷君嗣君子。
	李兊	田不禮		代君章	

	甘茂		滕文公		
告子	薛居州		樂丑子[462]		高子
魯子	公扈子		尸子	捷子	鄒衍
嚴周	惠施	公孫龍		魏公子牟	
		齊襄王 愍王子。			
齊愍王 宣王子。			淖齒[463]		
			宋君偃 爲齊所滅。		

	公孫丑				
仲梁子		孔穿 子思玄孫。	王歜[465]		燕昭王 三十九世，噲子。
田駢	惠盎	王孫賈	宋王[466]	嚴辛	范雎
狐爰[464]			唐勒	景瑳[467]	
					燕惠王 四十世，昭王子。
					騎劫

		樂毅			
		郭隗	白起	田單	趙奢
蘇不釋[468]		葉陽君		涇陽君	
	秦昭襄王 武王弟。			穰侯	趙惠文王 武靈王弟。[469]
		韓釐王 襄王子。			

				魯仲連
	廉頗		虞卿	
縮高		公孫弘[471]		
安陵君[470]	唐雎	孟嘗君	魏公子[473]	
	陳筮	雍門周	范座[474]	
魏安釐王 昭王子。		燕武成王[472] 惠王子。		趙孝成王 惠文王子。
				趙括

	藺相如			
				朱英
侯嬴	平原君		毛遂	蒙恬
朱亥	春申君		秦孝文王 昭襄王子。	
左師觸龍		龐煖[475]		
	燕孝王 四十二世，武成王子。			李園
韓王安 爲秦所滅。				趙王遷 爲秦所滅。

		孫卿		
			王翦	
	華陽夫人	秦嚴襄王 文王子。[476]		
楚考烈王 頃襄王子。		韓桓惠王 釐王子。		衞元君 懷君弟。
魯頃公 爲楚所滅。		魏景湣王 安釐王子。		趙悼襄王 孝成王子。
		楚幽王 考烈王子。		
			楚王負芻 爲秦所滅。	

			韓非	燕將渠	
	吕不韋		淳于越		李牧
			秦始皇		
燕栗腹		劇辛		代王嘉 爲秦所滅。	
	燕王喜 爲秦所滅。				魏王假 爲秦所滅。

樂閒	高漸離			
燕太子丹		鞠武[477]		荆軻
李斯		秦武陽[478]		項梁
			秦二世胡亥	
		齊王建 爲秦所滅。		趙高

				孔襄 孔鮒弟子。[479]
樊於期			孔鮒 孔穿孫。	
	秦子嬰	項羽	陳勝	吴廣
衞君角 爲秦所滅。			董翳	司馬欣
	閻樂			

［1］【顔注】張晏曰：太昊，有天下號也。作罔罟田漁以備犧牲，故曰宓羲氏。師古曰：宓音伏，字本作虙，其音同耳。

［2］【顔注】師古曰：媧音古蛙反，又音瓜。

［3］【顔注】師古曰：共讀曰龔。下皆類此。

［4］【今注】容成氏：又作“庸成氏”，與下“大廷氏”等皆上古帝王名號。

［5］【顔注】師古曰：廷讀曰庭。

［6］【顔注】師古曰：沌音大本反。渾音胡本反。

［7］【顔注】師古曰：亡讀曰無。下皆類此。

［8］【顔注】張晏曰：以火德王，故號曰炎帝。作耒耜，故曰神農。

［9］【顔注】張晏曰：以土德王，故號曰黄帝。作軒冕之服，故謂之軒轅。

［10］【顔注】師古曰：絫音力追反。

［11］【今注】案，蔡琪本、大德本、殿本“黄帝史”前有“倉頡”二字，是。

［12］【顔注】師古曰：㑄音謨，字從巾。即嫫母也。

［13］【顔注】師古曰：即鬼容區也。臾、容聲相近。

［14］【顔注】服虔曰：淪音鯩，始造十二律者。師古曰：音零綸。

［15］【顔注】張晏曰：以金德王，故號曰金天。

［16］【今注】五鳩：與“五鳥”等見《左傳》。王先謙《漢書補注》以爲下“疑脱五雉、九扈”。

［17］【今注】吴回：王先謙《漢書補注》以爲：“此重黎弟，帝嚳命復居火正爲祝融者，當在下文‘祝融’後。”

［18］【今注】熙：梁玉繩《人表考》以爲“熙”當爲“重”。《左傳》載少昊四叔，重、該、脩、熙，重爲木正句芒，不應獨缺，

而本表反複列熙名也。

［19］【今注】帥味：錢大昕《廿二史考異·漢書一》以爲《左傳》載金天氏有裔子曰昧，爲元冥師，此“帥味”係“師昧”，字形相近而訛

［20］【顔注】師古曰：駘音胎。

［21］【顔注】師古曰：父讀曰甫。下皆同。【今注】栢夷亮父：王念孫《讀書雜志·漢書第三》引王引之以爲“亮”即“夷”字之誤。《吕氏春秋·尊師》《山海經·海内經》並作“伯夷父”。

［22］【顔注】張晏曰：少昊以前天下之號象其德，顓頊以來天下之號因其名。高陽、高辛，皆所興地名也。顓頊與嚳，皆以字爲號，上古質故也。

［23］【顔注】師古曰：逿音吐歷反，即簡狄也。

［24］【顔注】師古曰：即陳鋒是也。

［25］【顔注】師古曰：《左氏傳》作飂，同音力周反，又力授反。

［26］【顔注】師古曰：句音鉤。蟜音橋。

［27］【顔注】張晏曰：翼善傳聖曰堯。

［28］【顔注】師古曰：隤音頽，敳音五來反。

［29］【顔注】師古曰：㜅音所巾反。

［30］【顔注】師古曰：音疇演。

［31］【顔注】師古曰：降音下江反。

［32］【顔注】師古曰：即《左氏傳》所謂季狸者也。

［33］【顔注】師古曰：被音披。

［34］【今注】方回：梁玉繩《人表考》以爲見《淮南子·俶真訓》，爲堯時隱人，舜七友之一，或與雒陶等並列。疑不當書此。

［35］【顔注】師古曰：兒音五奚反。

［36］【顔注】師古曰：即許由也。

［37］【顔注】張晏曰：仁聖盛明曰舜，舜之言充也。

［38］【顔注】師古曰：毄音口果反。流俗書本作擊字者誤。

［39］【顔注】師古曰：即女英也。罃音於耕反。

［40］【顔注】師古曰：姞音其乙反。【今注】姞人：又作“吉人”。

［41］【今注】雒陶：王先謙《漢書補注》據《戰國策》韋昭注、《廣韻》等以爲“雒”當作“雄”。

［42］【顔注】師古曰：洛陶已下皆舜之友也。身或作耳。虚或作字。並見《尸子》。

［43］【顔注】師古曰：礜音弋於反。

［44］【顔注】師古曰：趫音丘遥反。

［45］【顔注】師古曰：即與啓戰于甘者也。

［46］【顔注】師古曰：窋音竹出反。

［47］【顔注】師古曰：中讀曰仲。下皆類此。

［48］【顔注】師古曰：即廢時亂日，胤往征之者也。

［49］【今注】案，蔡琪本、大德本、殿本此格無内容。

［50］【顔注】師古曰：扔音仍。

［51］【顔注】師古曰：有窮君也。

［52］【顔注】師古曰：羿之相也。浞音七角反。

［53］【顔注】師古曰：武羅以下四人皆羿之賢臣也。庬音尨。

［54］【顔注】師古曰：音五到反。《楚詞》所謂澆者也。

［55］【顔注】師古曰：殪音許冀反。

［56］【顔注】師古曰：二國，夏同姓諸侯，爲奡所滅也。

［57］【顔注】師古曰：杼音大吕反。

［58］【顔注】師古曰：音該。【今注】案，垓，《史記》卷三《殷本紀》作“振”。

［59］【顔注】師古曰：音紛。【今注】芬：梁玉繩《人表考》據《索隱》引《世本》，《左傳》疏引《世紀》以爲“芬”即“槐”。以爲槐見下，此重出。

［60］【顔注】師古曰：扃音工熒反。

［61］【顔注】師古曰：古累字。

［62］【顔注】師古曰：墓在殺者也。

［63］【顔注】師古曰：音勤，又音覲。

［64］【今注】關龍逢：周壽昌《漢書注校補》："班氏本序龍逢、比干並列而稱，今比干列第二，龍逢忽列第三，班氏必不自爲異同；若此，此傳寫有訛，非原書次第也。"

［65］【顔注】師古曰：豕韋國彭姓。

［66］【今注】癸：《史記》卷二《夏本紀》作"履癸"。王先謙《漢書補注》引梁玉繩《人表考》曰："《學林·三》言桀表在九等，今列第八，轉寫之訛。"

［67］【顔注】師古曰：即顧國，己姓。

［68］【顔注】師古曰：姒姓國也。三者皆湯所誅也。

［69］【今注】雅侈：又作"推侈""推哆""推移"，皆形近字變。

［70］【顔注】師古曰：湯所征。

［71］【顔注】師古曰：禹、湯皆字。三王去唐虞之文，從高古之質，故夏殷之王皆以名爲號也。

［72］【顔注】師古曰：湯所誅，見《孔子家語》。

［73］【顔注】師古曰：㜪與莘同。

［74］【顔注】師古曰：湯左相也。

［75］【顔注】師古曰：費音扶味反。

［76］【顔注】師古曰：義、仲，湯之二臣。

［77］【顔注】師古曰：湯臣，主土地之官也。單音善。下皆類此。

［78］【顔注】師古曰：差音楚宜反。

［79］【顔注】師古曰：伊尹子也。

［80］【顔注】師古曰：隃音踰。

［81］【顔注】師古曰：大戊之臣也。

［82］【顔注】師古曰：亦湯臣。【今注】臣扈：錢大昕《三史拾遺》卷二以爲伊陟、臣扈當同巫咸列在上中，此轉寫誤。

［83］【顔注】師古曰：辟音壁。【今注】公非子：一説公非字辟方。

［84］【顔注】師古曰：竢與俟同。【今注】夷竢高圉子：王先謙《漢書補注》以爲司馬貞《史記索隱》引《世本》作“高圉侯侔”，本表似以爲二人。

［85］【今注】雲都亞圉弟：王先謙《漢書補注》以爲《史記集解》引《世本》作“亞圉雲都”，皇甫謐以爲“亞圉字雲都”，與此相異。

［86］【今注】公祖：《史記》卷四《周本紀》稱“公叔祖類”，《三代世表》作“公祖類”，《世本》作“太公組紺諸盩”。

［87］【今注】劉姓豕韋：錢大昕《廿二史考異·漢書一》以爲彭姓豕韋爲商滅。劉累後世，復承其國爲豕韋氏。故言“劉姓”以别之。

［88］【顔注】師古曰：説讀曰悦。武丁相也。

［89］【顔注】師古曰：武丁師也。

［90］【顔注】師古曰：妲音丁葛反。

［91］【顔注】師古曰：費音扶味反。

［92］【顔注】師古曰：飯音扶晚反。

［93］【今注】惡來：王先謙《漢書補注》以爲當有“飛廉子”三字。

［94］【今注】商容：王先謙《漢書補注》云，《説苑·敬慎》作“常樅”。“商”“常”，“容”“樅”，音近字變。

［95］【顔注】師古曰：繚音來雕反。

［96］【顔注】師古曰：涓音王玄反。【今注】師涓：王先謙《漢書補注》：“爲紂作淫聲靡樂，見《殷紀》。表列四等，轉寫之訛。”

［97］【今注】案，邢侯、鬼侯：王念孫《讀書雜志·漢書第三》據《史記》卷八三《魯仲連鄒陽列傳》作“九侯、鄂侯”，徐廣注：“‘九’，一作‘鬼’。‘鄂’，一作‘邢’。”卷三《殷本紀》

徐廣注："鄂"，"一作'邘'"。以爲"邢""邘"皆"鄂"之訛。

［98］【顔注】師古曰：鞀音徒高反。

［99］【顔注】師古曰：自師摯已下八人皆紂時奔走分散而去。鄭玄以爲周平王時人，非也。

［100］【顔注】師古曰：适音江闊反。

［101］【顔注】師古曰：曶與忽同。

［102］【顔注】師古曰：鬻讀與粥同。【今注】鬻子：梁玉繩《人表考》以爲各本"子"上脱"熊"字。周壽昌《漢書注校補》："覩下'楚熊狂'注'麗子'，'楚熊艾'注'繹子'，可見以後尚多，不悉録。熊爲楚國姓，不以在名上下有異。"

［103］【顔注】師古曰：中、叔二人皆文王弟也。【今注】虢叔：錢大昕《三史拾遺》卷二以爲《君奭篇》敘殷周賢臣，表皆列二等，伊陟、臣扈、巫賢、虢叔在第三，後人校刊亂之也。仲爲叔兄，亦當二等。

［104］【顔注】師古曰：文王師也。粥音弋六反。

［105］【顔注】師古曰：伯達以下，周之八士也，騧音瓜。

［106］【顔注】師古曰：二國訟田質於文王者。

［107］【顔注】師古曰：大顛以下，文王之四友也。

［108］【顔注】師古曰：扁音翩。【今注】史扁：翟云升《校正古今人表》以爲即《法言·吾子》中"史篇"。

［109］【顔注】師古曰：周同姓之國在圻内者，當武王時作旅巢命。

［110］【顔注】師古曰：祭音側介反。【今注】祭公：梁玉繩《人表考》以爲：當爲周公子所封，與凡、蔣、邢、茅並封。馬融注《論語》十亂有榮公。《國語·晉語》周、召、畢、榮並稱。表缺榮公，蓋"祭"即"榮"之誤。

［111］【顔注】師古曰：南方遠國，武王克商而來朝。

［112］【顔注】師古曰：武王臣。

［113］【顔注】師古曰：武王司寇蘇公。

［114］【顔注】師古曰：郜音告。

［115］【今注】聃季載：《史記》卷三五《管蔡世家》作“冉季”。

［116］【顔注】師古曰：郇音荀。

［117］【今注】孟會：錢大昕《廿二史考異·漢書一》以爲《史記》卷五《秦本紀》作“孟增”，“會”當是“曾”之訛。

［118］【今注】史佚：梁玉繩《人表考》以爲《逸周書·克殷解》作“尹佚”。尹，爲其氏。

［119］【今注】蔡叔：王先謙《漢書補注》以爲“叔”下脱“度”字。

［120］【顔注】師古曰：周司徒也。

［121］【顔注】師古曰：周宗伯也。《尚書》作彤伯。

［122］【顔注】師古曰：周司空也。

［123］【今注】右史戎夫：梁玉繩《人表考》以爲：當作“左史”，見《逸周書·史記解》。又穆王時作記；表列成王之世，非。

［124］【顔注】師古曰：周大夫也。

［125］【今注】邗叔：梁玉繩《人表考》引翟灝以爲邗侯見前五等。此“邗”當作“陶”。陶叔，成王司徒，見《左傳》。

［126］【顔注】師古曰：祭音側介反。

［127］【顔注】師古曰：周武賁氏也。《尚書》作武臣。【今注】龍臣：虎臣。梁玉繩《人表考》以爲唐避諱“虎”，常以“武”“彪”“獸”“豹”等字代替，此則以“龍”代。

［128］【今注】衞康叔：錢大昭《漢書辨疑》以爲“叔”當爲“伯”。

［129］【顔注】師古曰：二人亦周大夫也。桓、髦皆其名也。自芮伯以下皆見《周書·顧命》。

［130］【今注】宋微中啓子：王先謙《漢書補注》以爲本表兩微中，此注“啓子”，不用《史記》，班必有據。

［131］【顔注】師古曰：釗音之遥反，又音工遼反。

［132］【今注】魯孝公：梁玉繩《人表考》以爲《史記》卷三三《魯周公世家》作“考公”。“孝”字誤。

［133］【今注】蔡侯官：蔡琪本、大德本同，殿本“官”作“宫”。王先謙《漢書補注》以爲“侯宫”當爲“宫侯”。

［134］【顔注】師古曰：繇讀與由同。

［135］【顔注】師古曰：昭王后也。

［136］【今注】陳柏公：王先謙《漢書補注》：“《陳世家》‘柏’作‘相’。”

［137］【顔注】師古曰：煬音式向反。

［138］【今注】陳孝公：王先謙《漢書補注》以爲案例當有“申公子”三字。

［139］【顔注】師古曰：造音千到反。

［140］【今注】乙子：王先謙《漢書補注》以爲案例“乙”下脱“公”字。

［141］【今注】秦大雒大乙子：《史記》卷五《秦本紀》作“大駱”。王先謙《漢書補注》以爲“乙”乃“几”之訛。

［142］【顔注】師古曰：即偃王也。

［143］【顔注】師古曰：穆王司徒也。

［144］【今注】楚熊盤艾子：錢大昕《廿二史考異·漢書一》據《史記》卷四〇《楚世家》：“熊艾生熊䵣，熊䵣生熊勝，熊勝以弟熊楊爲後”，以爲此“熊盤”即熊勝，《世家》以爲艾孫。

［145］【顔注】師古曰：穆王司徒也。

［146］【顔注】師古曰：穆王太僕也。臩音居永反。【今注】伯臩：錢大昕《三史拾遺》卷二以爲“臩”，當作“囧”，轉寫之誤。

［147］【今注】衛疌：《史記》卷三七《衛康叔世家》作“庨伯”，王先謙《漢書補注》疑表有訛脱。

［148］【顔注】師古曰：祭音側介反。

［149］【今注】共公子：王先謙《漢書補注》以爲此“共公”

係“丁公”之誤，又脱“丁公”一代。

［150］【顔注】師古曰：政道既衰，怨刺之詩始作也。

［151］【今注】陳慎侯孝侯子：王先謙《漢書補注》以爲兩“侯”字當作“公”。

［152］【今注】楚摯紅渠子：梁玉繩《人表考》以爲當依《繹史》本作“楚熊渠，錫子”“九等熊摯注云‘渠子’，尤表有熊渠之驗。……而熊摯、熊紅乃渠之二子，摯以疾廢，紅嗣渠而立。《史》誤合摯、紅爲一，此表俗本繆仍之”。

［153］【今注】宣侯子：當作“宮侯子”，“宣”字誤。

［154］【顔注】師古曰：辟音壁。

［155］【顔注】師古曰：摺音燮。

［156］【顔注】師古曰：釐讀曰僖，下皆類此。

［157］【顔注】師古曰：共，國名也。伯，爵也。和，共伯之名也。共音恭。而遷《史》以爲周召二公行政，號曰共和，無所據也。

［158］【今注】杞題公東樓子：《史記》卷三六《陳杞世家》：“東樓公生西樓公，西樓公生題公。”與表不同。

［159］【今注】曹夷伯振鐸六世：王先謙《漢書補注》以爲“《曹世家》，振鐸子太伯脾，脾子仲君平，平子宫伯侯，侯子孝伯雲，雲子夷伯喜，此表不全載”。

［160］【今注】史伯：梁玉繩《人表考》引張雲璈以爲四等之史伯列宣王時。此厲王世，當是“公伯”之訛。《史記·秦本紀》：“（秦侯）生公伯，公伯立三年卒。生秦仲。”表無公伯，而後秦仲注“伯子”，則此誤無疑。

［161］【顔注】師古曰：紃音巡。【今注】嚴弟：梁玉繩《人表考》以爲案例當作“嚴子”，或“霜弟”。

［162］【今注】盱：錢大昕《三史拾遺》卷二：“邾顔、夏父、叔術、盱四人事見《公羊傳》。叔術之讓國，雖未合於正，較之邾顔，則彼善於此矣。表以邾顔、夏父劉弟七等，叔術、盱劉弟八

等，疑轉寫之訛。”

［163］【今注】楚熊罣：王先謙《漢書補注》以爲“罣”當爲“咢”。陳直《漢書新證》以爲漢碑書咢字有作罣者，如《隸釋》卷一一《楊淮表紀》“舉孝廉西鄂長”。有作咢者，如同書同卷《綏民校尉熊君碑》“臨朝謇鄂”。皆爲東漢時隸體之變化，固無定式，王氏所云未諳當時分隸情形。

［164］【今注】宋世子士：梁玉繩《人表考》以爲《孔子家語·本姓篇》、《孝經》疏作“世子勝”，《新唐書·宰相世系表》作“世父勝”；獨此表作“士”，或出《世本》。

［165］【顔注】師古曰：蹶音居衞反。

［166］【今注】宋戴公惠公子：梁玉繩《人表考》據《史記》卷三八《宋微子世家》：“惠公卒，子哀公立。哀公元年卒，子戴公立。”以爲戴公是惠公孫、哀公子。《史記·十二諸侯王年表》無哀公一代，此表依《十二諸侯王年表》不列哀公，又以孫爲子。

［167］【顔注】師古曰：休音許糾反。

［168］【今注】幽子：王先謙《漢書補注》以爲案例“幽”下脱“伯”字。

［169］【今注】繆公弟：王先謙《漢書補注》以爲“繆公”當作“穆侯”。

［170］【今注】齊嚴侯成侯子：王先謙《漢書補注》以爲兩“侯”字當作“公”。

［171］【顔注】師古曰：即《十月之交》詩所謂“蕃維司徒”是也。

［172］【今注】太宰冢伯：梁玉繩《人表考》以爲“冢”，當依《繹史》本作“家”。家爲其氏。

［173］【顔注】師古曰：即所謂中允膳夫也。【今注】膳夫中術：梁玉繩《人表考》引《毛詩》鄭《箋》，“中術”本作“中允”，字也。

［174］【顔注】師古曰：掫音側流反。【今注】内史掫子：王先謙《漢書補注》引鄭《箋》，“掫”本作“棸”。棸，氏也。

［175］【顔注】師古曰：趣音千後反。蹶音居衛反。【今注】趣馬蹶：梁玉繩《人表考》引《毛詩》鄭《箋》，以爲蹶爲氏。

［176］【顔注】師古曰：萬讀與楀同，音九禹反。【今注】師氏萬：梁玉繩《人表考》引《毛詩》鄭《箋》“萬”本作“楀”；楀，氏。

［177］【今注】案，蔡琪本、大德本、殿本有“宋正考父”四字。底本無，有後人補書。

［178］【今注】鼇公子：梁玉繩《人表考》以爲：“前稱‘鼇侯’，則此‘公’字誤。”

［179］【顔注】師古曰：坌音扶粉反。

［180］【今注】陳桓侯鮑文侯子：王先謙《漢書補注》以爲兩“侯”字當作“公”。

［181］【顔注】師古曰：翬音暉。

［182］【顔注】師古曰：碏音千若反。

［183］【今注】孝侯子：王先謙《漢書補注》以爲《左傳》云“孝侯弟”，《史記》《竹書紀年》云“孝侯子”。

［184］【顔注】師古曰：即射姑也。

［185］【顔注】師古曰：咺音許遠反。

［186］【顔注】師古曰：耏音而。

［187］【今注】文公子：梁玉繩《人表考》以爲“子”當作“孫”。

［188］【顔注】師古曰：華音下化反。

［189］【顔注】師古曰：率音力出反。且，子余反。

［190］【今注】楚瑕丘：王先謙《漢書補注》以爲文有誤。《繹史》作“楚屈瑕”，是。

［191］【今注】秦出公曼：梁玉繩《人表考》以爲秦憲公在七等。“憲”，《史記》作“寧”，徐廣云“一作‘曼’”，疑皆“憲”

之訛。表當有“憲公子”三小字。

［192］【顔注】師古曰：薳音于詭反。

［193］【今注】楚保申：或作“葆申”“鮑申”。

［194］【顔注】師古曰：聃音乃甘反。

［195］【今注】辛甲：梁玉繩《人表考》引翟灝以爲辛甲前列三等，此是“辛伯”之訛，故與周公黑肩上下相隨。

［196］【今注】潘和：翟云升《校正古今人表》以爲即卞和。

［197］【顔注】師古曰：即徒人費也。費音秘。【今注】齊寺人費：王念孫《讀書雜志·漢書第三》引王引之云：“《左傳》‘徒人費’本作‘侍人費’。‘侍’與‘寺’同。”

［198］【今注】出公兒：王先謙《漢書補注》以爲“出公”當作“出子”。

［199］【今注】齊襄公兒：王先謙《漢書補注》以爲“兒”上脱“諸”字。又當有“釐公子”三字。

［200］【顔注】師古曰：紛音扶云反。

［201］【今注】雍人稟：王先謙《漢書補注》以爲“雍人稟”當作“雍稟人”。爲文誤倒。“廩”又作“林”，音近字通。雍稟，齊國地名。

［202］【今注】王青二友：翟云升《校正古今人表》以爲“王青”乃“王登”之訛。二友，仲章、胥己，見《韓非子·外儲》。當在戰國時。

［203］【今注】案，蔡琪本、大德本、殿本此格有“管仲”。

［204］【顔注】師古曰：傒音奚。

［205］【顔注】師古曰：召讀曰邵

［206］【顔注】師古曰：顓音上專反。【今注】顓孫：即《左傳》歂孫。

［207］【顔注】師古曰：齊桓時人也。見《呂覽》。【今注】常之巫：王先謙《漢書補注》以爲《管子·小稱》作“堂巫”，司馬貞《史記索隱》引作“棠巫”。棠，其地；巫，其官。

［208］【顔注】師古曰：説讀曰悦。

［209］【今注】鄭子嬰齊：王先謙《漢書補注》以爲“齊”字衍。

［210］【顔注】師古曰：劌音居衞反。

［211］【顔注】師古曰：輪扁也。扁音翩。

［212］【今注】惠王母涼：梁玉繩《人表考》以爲案例當有“釐王子”三字。

［213］【顔注】師古曰：即堵敖。

［214］【顔注】師古曰：屈音九勿反。

［215］【顔注】師古曰：湫音子小反。

［216］【顔注】師古曰：齮音螘。

［217］【顔注】師古曰：夤音演。

［218］【顔注】師古曰：廖音聊。

［219］【今注】魯釐公：梁玉繩《人表考》以爲案例當有“嚴公子”三字。

［220］【顔注】師古曰：卓音敕角反。

［221］【今注】臣猛足：梁玉繩《人表考》以爲“臣”乃“晉”之訛。

［222］【顔注】師古曰：衰音楚危反。

［223］【顔注】師古曰：行音户郎反。

［224］【顔注】師古曰：即由余。

［225］【今注】襄王鄭：梁玉繩《人表考》以爲案例當有“惠王子”三字。

［226］【顔注】師古曰：鍼音其炎反。

［227］【今注】釐負羈妻：周壽昌《漢書注校補》以爲梁玉繩依《繹史》本，於“羈妻”上加“羈”字，爲二人。案，羈妻明智，故班列之，與下列辟司徒妻而不列辟司徒同例。

［228］【顔注】師古曰：招音上遥反。

［229］【顔注】師古曰：獳音乃侯反。

[230]【顔注】師古曰：咺音許遠反。

[231]【顔注】師古曰：《左傳》作頵，音於倫反。

[232]【今注】宋襄公成公子：錢大昭《漢書辨疑》以爲前已有宋襄公，此當云“宋成公，襄公子”。

[233]【顔注】師古曰：廖音聊。

[234]【今注】欒悼子：王先謙《漢書補注》以爲晉欒無悼子，是“貞子”之訛，即欒枝。

[235]【顔注】師古曰：衰音楚危反。

[236]【今注】曹共公昭公子：王先謙《漢書補注》以爲重出此，爲傳寫誤增。

[237]【顔注】師古曰：《左氏傳》作無虧。

[238]【顔注】師古曰：佗音徒何反。

[239]【顔注】師古曰：㚟音丑略反。

[240]【今注】孝公子：王先謙《漢書補注》據《史記》卷三二《齊太公世家》作“孝公弟”，以爲“子”字誤。

[241]【顔注】師古曰：瞫音審。

[242]【今注】陽處父：錢大昕《三史拾遺》卷二：“劉知幾所見本在弟四，此在弟三，蓋刊本之誤。”

[243]【今注】案，朱文公，蔡琪本、大德本、殿本作“邾文公”，是。

[244]【顔注】師古曰：駢音步千反。

[245]【今注】周匡王班：梁玉繩《人表考》以爲案例當有“頃王子”三字。

[246]【今注】宋昭公：梁玉繩《人表考》以爲案例當有“成公子”三字。

[247]【今注】士會：梁玉繩《人表考》：“《史通·品藻》謂表在第五等，今本列第四，是刊本訛失。”

[248]【顔注】師古曰：玃音居碧反。且音子余反。

［249］【顔注】師古曰：射音夜。

［250］【今注】楚繆王商臣：梁玉繩《人表考》以爲案例當有“成王子”三字。

［251］【今注】魯宣公：梁玉繩《人表考》以爲案例當有“文公子”三字。

［252］【今注】蔡文公嚴公子：王先謙《漢書補注》以爲兩“公”字當作“侯”。名申。

［253］【顔注】師古曰：歜音觸。

［254］【今注】齊懿公商人：梁玉繩《人表考》以爲案例當有“昭公弟”三字。

［255］【顔注】師古曰：祁音上尸反。

［256］【今注】鄭子良：梁玉繩《人表考》引汪繩祖云：“表于穆氏不盡列，未必及大季子良。疑此乃‘楚子良’之誤，故與令尹子文、楚子越上下接近。楚司馬子良始見《左》宣四年，鬭伯比之子，子文之弟，越椒之父。”

［257］【今注】鬭伯比：錢大昕《三史拾遺》卷二以爲伯比已列五等，此因上“令尹子文”注云“鬭伯比子”訛爲正文又删“子”字，又以爲伯比不當在三等而移下一格。

［258］【今注】周定王榆：梁玉繩《人表考》以爲案例當有“匡王弟”三字。

［259］【今注】鄭靈公：王先謙《漢書補注》曰：“官本有‘穆公子’三字，是。名夷。”

［260］【今注】案，公子，蔡琪本、大德本、殿本作“公子歸生”，是。

［261］【顔注】師古曰：廖音聊。

［262］【今注】案，王礼子，蔡琪本、殿本作“王札子”，大德本作“王扎子”，是。

［263］【今注】魯公子歸生：梁玉繩《人表考》以爲此“魯公孫歸父”之誤。

［264］【顔注】師古曰：召讀曰邵。

［265］【顔注】師古曰：顆音口果反。

［266］【今注】荀尹：梁玉繩《人表考》以爲此“荀庚”轉寫脱其半。

［267］【今注】陳應：王念孫《讀書雜志·漢書第三》據《潛夫論·慎微》“夫（楚莊）出陳應，爵命管蘇……故能中興，彊霸諸侯”，以爲應爲楚莊王臣，故列伍參、申公之間。

［268］【顔注】師古曰：培音陪。【今注】申公申培：梁玉繩《人表考》以爲下“申”當作“子”。

［269］【今注】靈公子：梁玉繩《人表考》以爲“子”當作“弟”。

［270］【今注】鍾儀：梁玉繩《人表考》以爲“鄖公鍾儀”是一人，各本誤離爲二。

［271］【顔注】師古曰：夢音莫風反。【今注】十五世：翟云升《校正古今人表》謂當作“十八世”。

［272］【顔注】師古曰：辟讀曰壁。

［273］【顔注】師古曰：即曹欣時也。剎音許其反。

［274］【顔注】師古曰：即屠岸賈也。音工下反。

［275］【今注】宋蕩子：梁玉繩《人表考》以爲即蕩澤子山。翟雲升《校正古今人表》以爲此《左傳》文公七年公子蕩。

［276］【今注】成公子：錢大昭《漢書辨疑》謂“成”當作“共”。

［277］【顔注】師古曰：錡音螘。

［278］【今注】案，公孫杵臼，蔡琪本、大德本、殿本作“公孫杵臼”，是。

［279］【顔注】師古曰：句音鉤。

［280］【今注】單襄公：梁玉繩《人表考》以爲單襄子前列五等，此“單靖公”之訛。

［281］【今注】羊魚：梁玉繩《人表考》引盧文弨説，以爲《左傳》“夷羊五”亦作“夷陽五”，《國語·晉語》作“夷陽午”。蓋夷其氏，羊五其名。古“五”“吾”“魚”三字通借；“羊”“陽”，“午”“五”亦通。隋張公禮《龍藏寺碑》“五臺”作“吾臺”。《國語·晉語》“暇豫之吾吾”，韋昭注：“‘吾’，讀如‘魚’。”本書《溝洫志》“吾山”，《水經注》卷八作“魚山”。《列子·黄帝篇》“魚語女”，張湛注：“‘魚’，當作‘吾’。”是其證。

［282］【今注】向于：錢大昕《三史拾遺》卷二：“時宋有向爲人、向帶，亦當與魚石同在弟八等。表蓋别一人。”翟云升《校正古今人表》以爲或是《左傳》昭公二十年“向行”之訛。

［283］【顔注】師古曰：綸音工頑反，《左傳》作睔，音工頓反。

［284］【顔注】師古曰：句音其于反。

［285］【今注】國佐：梁玉繩《人表考》以爲國佐即賓媚人，不應重出。此與慶克並，或是“慶佐”之訛。

［286］【今注】鄭廖：梁玉繩《人表考》以爲“鄭”乃“鄧”之訛。

［287］【今注】鄭唐：梁玉繩《人表考》引翟灝曰：《左傳》鄢陵之戰，唐苟爲鄭成公右而戰死。此脱“苟”字。

［288］【顔注】師古曰：紇音下結反。

［289］【今注】魯襄公：梁玉繩《人表考》以爲案例當有“成公子”三字。

［290］【顔注】師古曰：壯讀曰莊。

［291］【今注】狄斯彌：梁玉繩《人表考》以爲：“虒”作“斯”，以音近而誤。

［292］【今注】程鄭：梁玉繩《人表考》以爲《國語·晉語》稱其“端而不淫，好諫不隱”，似不當列下愚。又引盧文弨云：疑春秋弑晉厲公之程滑，字誤也。

［293］【今注】吴諸樊：王先謙《漢書補注》以爲吴子遏即諸樊，見七等。宜删。

［294］【今注】朱庶其："朱"當爲"邾"。

［295］【顔注】師古曰：《春秋》焱作剽。【今注】衛殤公焱獻公弟：王念孫《讀書雜志·漢書卷三》以爲"焱"當爲"猋"之訛。"猋""剽"聲近字通。王先謙《漢書補注》以爲"獻"當爲"定"。

［296］【顔注】師古曰：昄音普板反。【今注】鄭游昄：錢大昭《漢書辨疑》據《説文》"眅，多白眼也"並引《春秋傳》"鄭游眅，字子明"，以爲"昄"當作"眅"。

［297］【顔注】師古曰：觀音工唤反。

［298］【顔注】師古曰：即偪陽也。妘音云。

［299］【顔注】師古曰：據今《春秋》説范武子即士會也，而此重見，豈别人乎？未詳其説。【今注】范武子：梁玉繩《人表考》以爲"武"疑"獻"字之誤。晉有兩范獻子，一士鞅，一士富。此爲士富。

［300］【顔注】師古曰：即華周。

［301］【今注】魯國歸父：梁玉繩《人表考》以爲《繹史》删"魯"字是。"國"爲"析"之訛。即齊析歸父。

［302］【顔注】師古曰：佗音徒何反。

［303］【顔注】師古曰：員音云。

［304］【顔注】師古曰：即椒舉。

［305］【顔注】師古曰：向讀曰嚮。

［306］【今注】士鞅：梁玉繩《人表考》以爲士鞅見中下。此或"士魴"之訛。

［307］【顔注】師古曰：祭音側介反。【今注】吴餘祭：王先謙《漢書補注》以爲案例當有"遏弟"二字。

［308］【顔注】師古曰：鬷音子公反。

［309］【今注】齊陳桓子：王先謙《漢書補注》以爲案例當有"文子子"三字。

［310］【顔注】師古曰：稠音直流反。【今注】魯昭公稠：梁

玉繩《人表考》以爲案例當有“襄公子’三字。”

［311］【今注】臧文仲：錢大昕《三史拾遺》卷二以爲此列下莊子後，必是武仲。《論語》稱武仲智，故在智人之列。

［312］【顔注】師古曰：卑音脾。湛音諶。

［313］【顔注】師古曰：即固乘也。

［314］【今注】蔡景侯：王先謙《漢書補注》以爲案例當有“文侯子”三字。

［315］【今注】蔡靈侯：王先謙《漢書補注》以爲案例當有“景侯子”三字。

［316］【顔注】師古曰：涓音工玄反。

［317］【顔注】師古曰：昧音秣。

［318］【今注】曾子：周壽昌《漢書注校補》以爲曾子宜列第二，傳寫誤入三等。其後即列曾皙，必無近在二三人將父子先後倒置之理。《史通》譏其進伯牛而抑曾子，未經綜覽前後，知此誤在唐以前。

［319］【今注】楚靈王圍：王先謙《漢書補注》以爲案例當有“康王弟”三字。

［320］【今注】韓宣子厥：梁玉繩《人表考》以爲韓厥前列四等。此當是厥子韓宣子起。

［321］【今注】晉趙文子：王先謙《漢書補注》曰：前趙武列中中，馬驌以爲重出。梁玉繩《人表考》引梁寶繩云：“表不列文子之子，則‘文’當作‘景’。趙景子，始見《左》昭七、《晉語》九。是爲趙成，見昭五《傳》。伯樂稱其‘纂脩先業，無謗于國’，其居中上等固宜。”

［322］【今注】案，申子文亹，蔡琪本、殿本作“申子亹”。

［323］【顔注】師古曰：南宫縚也，字子容。

［324］【顔注】師古曰：罷讀曰疲。

［325］【顔注】師古曰：即蹶由。

［326］【顔注】師古曰：南宫适。

［327］【顔注】師古曰：觀音工喚反。

［328］【顔注】師古曰：即賓孟也。

［329］【顔注】師古曰：澹音大甘反。

［330］【顔注】師古曰：即南榮趎也。趎音直俱反。

［331］【顔注】師古曰：蜎音一衮反。

［332］【今注】曹桓公：王先謙《漢書補注》以爲“桓”當爲“悼”。

［333］【今注】敬王丐：王先謙《漢書補注》以爲“丐”是“匄”之訛。

［334］【顔注】師古曰：瞿音劬。

［335］【今注】許男：翟云升《校正古今人表》以爲當是許男斯，悼公子。

［336］【今注】起平王棄疾：“起”當作“楚”，蔡琪本、大德本、殿本不誤。

［337］【今注】隰成子：翟云升《校正古今人表》疑是“縣城子”之訛。

［338］【今注】琴牢：王念孫《讀書雜志·漢書第三》引王引之以爲“牢”本作“張”，後人據《孔子家語》改。《左傳》《孟子》並作“琴張”，《莊子·大宗師》作“子琴張”，無作“琴牢”者。

［339］【顔注】師古曰：穰音人羊反。苴音子余反。

［340］【顔注】師古曰：僚音聊。

［341］【顔注】師古曰：租音側加反。

［342］【今注】盂丙：王念孫《讀書雜志·漢書第三》以爲“盂”當爲“盂”。《釋文》《廣韻》並作“盂丙”。唐石經始訛爲“孟”。《地理志》作“盂丙”；此表作“盂丙”，是後人以誤本《左傳》改之。

［343］【顔注】師古曰：音上究反。

［344］【顔注】師古曰：即昭邸伯也。

［345］【顔注】師古曰：夫音扶。槩音工代反。

［346］【今注】案，五子胥，蔡琪本、殿本“五”作“伍”。

［347］【顔注】師古曰：傒音奚。

［348］【今注】鄭獻公禹：王先謙《漢書補注》以爲本名蠆，疑“禹”誤。

［349］【顔注】師古曰：且音子余反。

［350］【顔注】師古曰：蒯音五怪反。

［351］【顔注】師古曰：員讀曰鄖。

［352］【顔注】師古曰：鑢音慮。

［353］【顔注】師古曰：説讀曰悦。

［354］【顔注】師古曰：佗音徒何反。

［355］【今注】王孫章：錢大昕《三史拾遺》卷二以爲此與員公辛並列，是楚昭王功臣王孫賈。“章”字訛。

［356］【顔注】師古曰：射音夜。

［357］【顔注】師古曰：且音子余反。【今注】雍渠黎且子：王先謙《漢書補注》以爲《孟子》作“癰疽”。錢大昕《三史拾遺》卷二：“雍渠嬖臣，似不應著其世系；‘黎且子’蓋别是一人，即齊之犂鉏也；此正文而誤入注者。王良、伯樂與郵無恤一人而並列，此注而誤入正文者。”梁玉繩《人表考》以爲黎鉏始見《孔子世家》，《韓子·内儲下》作“黎且”，“子”字衍。

［358］【顔注】師古曰：卷音其專反。

［359］【顔注】師古曰：駕音加。

［360］【顔注】師古曰：衞宣公臣也。見《魯連子》。

［361］【顔注】師古曰：觀音工喚反。

［362］【顔注】師古曰：即顔涿聚子也。

［363］【顔注】師古曰：射音食亦反。

［364］【今注】武子孫：梁玉繩《人表考》：“文子武之孫。此云‘武子孫’，誤。趙無武子也。”

［365］【今注】邾悼公：梁玉繩《人表考》引張雲璈以爲悼公是莊公之父，不應列莊公後。此必是隱公益。

［366］【今注】田果：梁玉繩《人表考》以爲表與周舍、燭過並列，疑“果”爲“卑”字之訛。《新序·義勇》載中牟人田卑不從佛肸之叛，趙氏求而賞之，辭賞去。

［367］【顔注】師古曰：行音胡郎反。

［368］【今注】柏樂：梁玉繩《人表考》以爲“王良柏樂”本四小字，誤爲大字。

［369］【今注】韓悼子：梁玉繩《人表考》以爲“悼”當作“貞”。與前“欒貞子”訛“悼子”可互證。

［370］【顔注】師古曰：句音鉤。

［371］【今注】薛襄子：梁玉繩《人表考》以爲“子”當爲“公”。

［372］【顔注】師古曰：即殺陶朱公兒者也。

［373］【今注】魯哀公：梁玉繩《人表考》以爲案例當有“定公子”三字。

［374］【顔注】師古曰：即榮啓期也。聲或作啓。【今注】榮聲期：徐凌、孫尊章以爲“榮啓期”爲正名（詳見徐凌、孫尊章《〈漢書·古今人表〉“榮聲期”異名辯正》，《漢語史學報》2019年第1期）。

［375］【今注】齊悼公陽生：王先謙《漢書補注》以爲案例當有“晏孺子兄”四字。

［376］【今注】諸稽到：殿本《漢書考證》云：“‘到’當作‘郢’，各本俱訛。”

［377］【今注】惠公弟：王先謙《漢書補注》以爲“弟”當作“子”。

［378］【顔注】師古曰：即安孺子也。【今注】齊晏孺子：王先謙《漢書補注》以爲案例當有“景公子”三字。

［379］【今注】苦成：又作“車成”。

［380］【顔注】師古曰：芋音于具反。

［381］【今注】高昭子：梁玉繩《人表考》以爲高昭子即高

張，已見前。此是“陳昭子”之訛，故與田恒上下相連。

［382］【今注】齊簡公壬：王先謙《漢書補注》以爲案例當有“悼公子”三字。

［383］【今注】衛出公輒：王先謙《漢書補注》以爲案例當有“蒯聵子”三字。

［384］【顔注】師古曰：渾音下昆反。

［385］【顔注】師古曰：沮音子余反。

［386］【顔注】師古曰：音岡，又音抗。

［387］【顔注】師古曰：即孟黶。【今注】狐黶：梁玉繩《人表考》云“孟”“壺”聲近，“壺”“狐”字通，《史記·仲尼弟子列傳》作“壺黶”。即以爲顔注“孟”當作“盂”。

［388］【今注】齊平公驚簡公子：王先謙《漢書補注》以爲“驚”當作“鶩”。

［389］【顔注】師古曰：即闕黨童子也。

［390］【顔注】師古曰：蕢音匱。

［391］【今注】陳弃疾：王先謙《漢書補注》引《禮記》鄭玄注：“‘陳’或作‘陵’。”

［392］【顔注】師古曰：即棘子成也。

［393］【今注】陳子禽：梁玉繩《人表考》以爲此“子禽”乃“子車”之訛。陳子亢是子車弟，子亢、子車皆字，與陳人名亢字子禽者不同。

［394］【顔注】師古曰：即微生畂也。畮，古畝字。

［395］【今注】石國：錢大昕《三史拾遺》卷二以爲“國”當作“圃”。

［396］【顔注】師古曰：即微生高也。

［397］【顔注】師古曰：即黔敖也。

［398］【今注】師己：錢大昕《三史拾遺》卷二以爲前師己列五等，此與賓牟賈並列，乃“師乙”之訛。

［399］【顔注】師古曰：即師免。

［400］【顔注】師古曰：即佛肸也。茀音弼。

［401］【今注】鄭戴勝之：梁玉繩《人表考》以爲“鄭”是“宋”之訛。《孟子》有戴不勝、戴盈之，《疏》謂“不勝字盈之”，此又誤爲“勝之”。但表列魯哀公時，過早。

［402］【顔注】師古曰：即公肩假也。

［403］【顔注】師古曰：即公山不擾也。音人九反。

［404］【顔注】師古曰：即式夷也。見《吕氏春秋》。

［405］【今注】采桑羽：梁玉繩《人表考》引梁履繩云：“‘羽’疑‘女’之訛。采桑女見《列女傳·陳辯女篇》。”

［406］【今注】離朱：梁玉繩《人表考》引梁耆云：“表有墨翟而無楊朱，疑‘離’爲‘楊’字之訛，等次時代皆相近也。”

［407］【顔注】師古曰：此不當言釐公，字誤也。【今注】杞釐公：王先謙《漢書補注》以爲前已有釐公。“釐”當作“哀”。

［408］【顔注】師古曰：荓音步丁反。

［409］【顔注】師古曰：鄭人所俘也。鄬音雟。魁，日賄反。絫音累。【今注】鄭鄬魁絫：王先謙《漢書補注》以爲即《左傳》之鄬魁壘也。“絫”“壘”通。“鄬”，訛字。晉人，鄭俘，“鄭”字當衍。

［410］【顔注】師古曰：即知果。

［411］【今注】公房皮：梁玉繩《人表考》以爲或是《廣韻》注載“楚公子房之後”，或是《太平御覽》卷八二八引《尸子》之宋公斂皮，而“房”字訛。

［412］【顔注】師古曰：即禽滑釐者是也。屈音其勿反，又音丘勿反。

［413］【顔注】師古曰：俅音求。

［414］【今注】躁公立：梁玉繩《人表考》以爲當爲“躁公弟”’。殿本“立”作“子”。

［415］【顔注】師古曰：躁音千到反。

［416］【今注】周威公：王先謙《漢書補注》以爲“周”上脱“西”字。

［417］【今注】東周惠公威公子：王先謙《漢書補注》據《史記·周本紀》：“威公卒，子惠公代立，乃封其少子於鞏以奉王，號東周惠公”，以爲此注“威公子”，則“東”當作“西”。

［418］【今注】魏成子：梁玉繩《人表考》以爲公季成在五等，即魏成子也。疑“成”當作“文”。魏文子相襄王，見《戰國策·魏策》。表誤列文侯時耳。

［419］【今注】躬吾君：番吾君。梁玉繩《人表考》以爲古文“番”作“䢂”，遂誤爲“躬”字。

［420］【顔注】師古曰：座音才戈反。

［421］【今注】趙公中達：王先謙《漢書補注》以爲“達”是“連”形近誤字。

［422］【顔注】師古曰：即樂羊也。

［423］【顔注】師古曰：悝音口回反。

［424］【今注】敬公子：梁玉繩《人表考》以爲慎公父公子適，適父敬公。當作“敬公孫”。

［425］【今注】厲公子：翟云升《校正古今人表》以爲“厲”當作“懷”。

［426］【今注】武侯子：王先謙《漢書補注》以爲“武侯”當爲“武子”。

［427］【今注】孫子：錢大昕《三史拾遺》卷二以爲即本書《藝文志》道家著《孫子》者。

［428］【顔注】師古曰：繚音聊。駘音過於壹。

［429］【顔注】師古曰：費音秘。

［430］【今注】顔敢：錢大昕《廿二史考異·漢書一》以爲“敢”爲“般”形近誤字。

［431］【今注】烈侯子：底本衍文。蔡琪本、大德本、殿本無。

[432]【今注】武王子：王先謙《漢書補注》以爲“武王”當作“武侯”。

[433]【今注】晉靖公任伯：王先謙《漢書補注》以爲《史記》卷三九《晉世家》載其名俱酒；此作“任伯”，形近致誤。

[434]【顔注】師古曰：臏音頻忍反。

[435]【顔注】師古曰：涓音工玄反。

[436]【今注】衛成公：王先謙《漢書補注》以爲“公”當爲“侯”。

[437]【今注】子桑子：翟云升《校正古今人表》疑爲《吕氏春秋·寡爲》中“子華子”之訛，或《荀子·正論》“子宋子”之訛。

[438]【顔注】師古曰：扁音篇。

[439]【今注】被雍：翟云升《校正古今人表》以爲即《吴越春秋·夫差内傳》之被離。“離”“雍”形近而誤。

[440]【顔注】師古曰：纏即纏字也。

[441]【今注】肅王子：梁玉繩《人表考》以爲“子”當爲“弟”。

[442]【今注】鄭敖子華：又作“莫敖子華”。

[443]【今注】魯康公：錢大昕《三史拾遺》卷二以爲當有“共公子”三字。

[444]【顔注】師古曰：蹻音居略反。

[445]【今注】閭丘光：錢大昕《三史拾遺》卷二以爲即閭丘先生。梁玉繩《人表考》引孫志祖以爲“光”爲“先”之訛。漢人稱“先生”，常單稱“先”。

[446]【顔注】師古曰：齊人也。靖郭君所善。見《戰國策》。而《吕覽》作“劇貌辯”。【今注】昆辯：錢大昕《三史拾遺》卷二以爲“昆”當作“皃”，古“貌”字。《吕氏春秋》“劇”爲“劑”之訛。

[447]【今注】孝王子：王先謙《漢書補注》以爲“孝王”當

作“孝公”。

［448］【今注】楚威王：梁玉繩《人表考》以爲案例當有“宣王子”三字。

［449］【今注】公中用：錢大昕《廿二史考異·漢書一》以爲“用”是“朋”之訛。

［450］【顔注】師古曰：歜音觸。

［451］【顔注】師古曰：即薄疑也。【今注】蕩疑：王念孫《讀書雜志·漢書第三》：“‘蕩’即‘薄’之訛。雖姓亦有蕩，然據《元和姓纂》薄姓下引《風俗通義》云‘衛賢人薄疑’，則當作‘薄’明矣。《吕覽》《韓子》《淮南内篇》並作‘薄’，疑無作‘蕩疑’者。”

［452］【今注】王升：錢大昕《廿二史考異·漢書一》以爲即《戰國策·齊策》載王斗先生。古文“斗”作“斤”，與“升”字形近。

［453］【今注】句踐十世：王先謙《漢書補注》據《史記》卷四一《越王句踐世家》，以爲句踐卒，子鼫與立；卒，子不壽立；卒，子翁立；卒，子翳立；卒，子之侯立；卒，子無彊立。“十”爲“七”字之訛。

［454］【今注】西周武公：王先謙《漢書補注》以爲案例當有“惠公子”三字。

［455］【今注】昭廷：梁玉繩《人表考》以爲即楚懷王良臣昭過。“廷”“過”字形近而誤。

［456］【今注】哀王子：王先謙《漢書補注》以爲“哀”當作“襄”。

［457］【顔注】師古曰：説讀曰悦。

［458］【顔注】師古曰：聚字也。【今注】郰子：錢大昕《三史拾遺》卷二疑即治《春秋》之夾氏、鄒氏也。“軋”“夾”，“郰”“鄒”，音近。

［459］【顏注】師古曰：檮音丑於反。

［460］【顏注】師古曰：魯人也。善《春秋》。

［461］【今注】戚子：梁玉繩《人表考》以爲“戚”或“臧”之訛。

［462］【今注】樂丑子：當爲“樂正子”。

［463］【顏注】師古曰：淖音女教反，字或作卓。

［464］【顏注】師古曰：即狐咺也，齊人。見《戰國策》。

［465］【顏注】師古曰：歜音觸。

［466］【今注】宋王：當爲“宋玉”。

［467］【顏注】師古曰：瑳音子何反，即景差也。

［468］【今注】蘇不釋：梁玉繩《人表考》引范燾云：“表與范睢並，必‘蔡澤’之訛也。‘澤’‘釋’古通。‘蔡’分爲‘蘇’‘不’二字。”

［469］【今注】武靈王弟：王先謙《漢書補注》以爲“弟”當爲“子”。

［470］【今注】安陸君：錢大昕《廿二史考異·漢書一》以爲“陸”當爲“陵”，即《戰國策·魏策》安陵君。

［471］【顏注】師古曰：齊人也，孟嘗君所使。見《戰國策》。

［472］【今注】燕武成王：梁玉繩《人表考》云：“此似缺‘四十一世’四字。”

［473］【今注】魏公子：梁玉繩《人表考》以爲脱“無忌”二字。

［474］【顏注】師古曰：座音才戈反。

［475］【顏注】師古曰：煖音許元反，又音許遠反。

［476］【今注】文王子：梁玉繩《人表考》以爲“文”上脱“孝”字。

［477］【顏注】師古曰：鞠音居六反。

［478］【今注】秦武陽：梁玉繩《人表考》：“《史通·品藻篇》譏武陽居七等；今在第六，蓋傳寫失之。”

［479］【今注】孔鮒弟子：王先謙《漢書補注》以爲“子”字衍。錢大昕《三史拾遺》卷二以爲“當與孔鮒同等”。

漢書　卷二一上

律歷志第一上[1]

［1］【顏注】師古曰：志記也，積記其事（蔡琪本、大德本、殿本"事"後有"也"字）。《春秋左氏傳》曰前志有之。【今注】案，律曆志是音律、度量衡制度和曆法知識的總匯。"律志"中記載有十母、十二子與季節的關係，一歲八風的特性，一歲十二斗建的運行和二十八宿分布的規律等。從"律志"的本義理解，"律"是法則和規章制度，"志"即記載。即律志爲記載基本事物的法則和規章制度。古人認爲，四時、八節、十干、十二月的運行規律，斗柄指向和二十八宿星象的季節變化，均應屬於律志的範圍。班固將律和曆合爲一志，是出於如下想法：即古人認爲，宇宙間一切事物的規律是相通的，應有共同的規律。它們間的一些基本數據和特性也應一致。例如，易學中有天地十個數，曆法和音律中的基本數據就應該與之相合。天有五行、八節、十二月，音律便有五聲、八音、十二律。尤其是權、衡中的一些數，均與陰陽合曆相合：五權象徵五行，二十四銖爲兩，象徵二十四節氣，十六兩爲一斤，象徵四時乘四方之象，三十斤成鈞者，爲一月日數之象，四鈞爲石者，爲四時之象。正因認爲度、量、衡、音律的制度與天地運行規律一致，纔將"律志"與"曆志"合在一起（《史記》有《律書》和《曆書》兩篇）。"律"與"曆"合爲一志，自《漢書》起，一直延續到《隋書》，《唐書》和《五代史》便將音樂志和曆志分開，儘管《宋史》曾一度恢復律曆合爲一志的傳統，但自此之

後，在正史中均采用音樂與曆分開列志的辦法。事實上，將“律”與“曆”附會在一起，是缺乏科學依據的。本書是中國正史中最早的《律曆志》，其體例雖然摹仿《史記·曆書》，但内容却要豐富得多，比《史記·曆書》更有歷史價值。本志包括律志、曆法沿革、三統曆法和世經四部分，分爲上、下兩篇。其所述曆法沿革，在漢太初以前與《史記·曆書》相比，幾乎没有差異，自太初以後，有兩點重大不同：第一是《史記》對於西漢唯一一次重大的改曆活動記載片面，對於太初改曆後的正式結果和所用曆法均未説明。第二是《史記》所載歷史，到太初年間爲止，對於太初以後曆法方面的重大活動，以及劉歆所作的《三統曆》，均由本志補充完成。按《史記·曆書》的記載，漢元封間（前110—前105）招方士唐都分剖天部，巴郡隱士落下閎推算曆法，推至元封七年（前104）冬至，正逢甲子日夜半朔旦冬至，於是將元封七年改爲太初元年，作爲曆元，年名焉逢攝提格，月名畢聚。這是一種古老的曆法制度，它依歲星紀年方法，確定太初元年爲焉逢攝提格之年，即甲寅年，以冬至所在月爲歲首正月，即使用周正。篇後附有一蔀七十六年氣朔干支大小餘和年名表，據此便可排出各年曆日，這便是太初元年落下閎提出的太初四分曆。但事實證明，太初元年以後所使用的曆法，並非如《史記·曆書》所載甲寅元曆，而是八十一分曆，即後世所説的《太初曆》。這個甲寅元曆應該是最終被否定的一種改曆方案。衹記被否定的曆法，而不記行用的曆法，這不能不認爲是嚴重的失誤。當然，這期間可能還有種種複雜的原因，例如《史記·曆書》可能不是司馬遷所寫，而是褚少孫補寫。曆術甲子篇中載有元鳳元年（前80）、地節元年（前69）、元康元年（前65）、建始元年（前32）等年號，而這些年號，無疑均在司馬遷去世以後，從而證明篇中有些内容確實是後人所補。按照本志的記載，元封七年大中大夫公孫卿、壺遂及太史令司馬遷等上言曆紀壞廢，議改正朔。上詔卿、遂、遷與侍郎尊、大典星射姓等議造漢曆。得元封七年爲焉逢攝提格之歲，十一月甲子朔旦冬至，已得太初本星度新正，即新的曆元和新曆均已推定，這便是《史記·曆書》所載曆法。但本志載：“姓等奏不能爲算，願募治歷者，更造密度，各自增減，以造漢《太初曆》。”於是治曆鄧平等二十餘人最後議定，“迺詔遷用鄧平所造八十一分律歷”，“宦者淳于陵渠復覆《大初歷》晦朔弦望，皆最密，日月如合璧，五星如連珠。陵渠奏狀，遂用鄧平歷，以平爲大史丞”。鄧平造的新曆，經過淳于陵渠的測驗，證實比其他十七家精密，最後纔頒詔決定行用。《太初曆》用夏正，即以農曆正月爲歲首。其確有許多比在前的《顓頊曆》先之處，如它規定以無中氣之月爲閏月，比年終置閏法更合理；它首先記有交食周期，爲交食的預報打下了基礎；所使用的五星運動周期，也比過去有明顯進步；更爲顯著的是，由於《顓頊曆》年久失修，誤差日益顯著，《太初曆》經過修訂之後，自然更合於天象。但《太初曆》也有缺點，其所改用的朔望月、回歸年值並非出自精密測定，實際比古四分曆的數值誤差更大。之所以要作這種改變，衹是因爲朔日法八十一這個數字，可以附會一種神秘的意義，叫作黃鐘自乘。漢朝人認爲，用一根九寸長的銅管或竹管製成的樂器，吹出的音調稱爲黃鐘，它是十二音律之首。黃鐘自乘，就是其長九寸自乘，便得八十一，這就是説，《太初曆》朔日法八十一這個數來自黃鐘。故本志認爲，“八十一爲日法，所以生權衡度量，禮樂之所繇出也”。天地陰陽之數，是與樂理相通的。《太初曆》所用天文數據與音律相合，這就得到了神悟，具有權威性。但本志仍然没有將《太初曆》的經文記載下來，却把《三統曆》記載了下來，稱“至孝成世……向子歆究其微眇，作《三統曆》及《譜》，以説《春秋》，推法密要，故述焉”。從而，《三統曆》是中國傳世的第一部完整曆法，在歷史上占有重要地位。《三統曆》之名，是依據董仲舒等人的主張，夏爲黑統，商爲白統，周爲赤統，三代各據一統，三統依次循環。原本《太初曆》含有大小兩個循環周期，每經 1539 年，其冬至合朔時刻，纔能回到同一個甲子日的夜半。於是，劉歆便把 1539 年稱爲一統，三統 4617 年爲一元，故名。就《三統曆》的内容而言，可分爲七個部分：一爲統母，二爲紀母，三爲五步，四爲統術，五爲紀術，六爲歲術，七爲世經。其中統術用以推算曆日，紀術用以推算五星的實際方位，這兩個部分爲推步曆法的根本。母爲立法之源，術爲推算之法。統母、紀母分別爲推算曆日和五星所需的基本數據。五步爲實測五星會合周期中各段運動的周期。歲術爲推算各年的歲星所在及紀年方法。世經爲考古之紀年，用以論證《三統曆》的精密。從曆法的編撰方法來説，可算是綱舉目張，條理分明，推法密要，爲後世所遵用。《三統曆》還有如下創新和改革：第一，發明 144 年太歲行 145 個星次，即創立太歲超辰法，使歲星與恒星相應，該方法最終導致干支紀年法的産生。第二，出於與《夏小正》相合的考慮，《三統曆》改以驚蟄爲正月中，雨水爲二月節，穀雨爲三月節，清明爲三月中。第三，作《三統曆譜》，並羅列《尚書》《春秋》各曆日記載，證明《三統曆譜》一一與之相合，用以説明三統曆法之精密。由於戰亂，先秦的歷史文獻幾乎全部散失，紀年和曆日制度也不明確，以致於對先秦史實無法考查。劉歆自信《三統曆》十分精密，所推《三統曆譜》將與數千年前所用曆日紀年一一相合。《史記》將先秦紀年推至周代共和年間，劉歆作《世經》，更將連續紀年推至周文王二十四年，使其歲歲相接，爲史學家所推崇。《世經》是一篇很有學術價值的文獻，它利用了《尚書・武成》《春秋》曆日資料，與《三統曆譜》一一作出驗證，加以斷代，得出了很有價值的成果。劉歆《世經》的論述方法，提倡嚴密考證，認真推理，自由討論，爲史學研究開創了一個良好的先例。但是《三統曆》也有嚴重的缺點，它進一步發展了太初曆假託黄鐘的迷信思想，附會易著，玄妙其辭，神秘其術，對曆法中的一些天文數據，進行乘加參合，顛倒次第，繁亂名目，致使立法之源徒託空虚，使讀者倍感艱深，莫可解讀。《三統曆》故神其術的神秘主義思想，是應該受到批判的，它對後世曆法的發展也産生過一定的消極影響。

《虞書》曰“乃同律度量衡”,[1]所以齊遠近立民信也。自伏羲畫八卦，由數起,[2]至黄帝、堯、舜而大備。三代稽古，法度章焉。[3]周衰官失，孔子陳後王之法,[4]曰:“謹權量，審法度，修廢官，舉逸民，四方之政行矣。”[5]漢興，北平侯張蒼首律歷事,[6]孝武帝時樂官考正。[7]至元始中王莽秉政,[8]欲燿名譽，徵天下通知鍾律者百餘人,[9]使羲和劉歆等典領條奏,[10]言之最詳。故删其僞辭，取正義，著于篇。[11]

[1]【顔注】師古曰:《虞書·舜典》也。同謂齊等。【今注】同律度量衡：指舜執政時，采取了統一樂律、長度、體積、重量的計量單位的措施，故下文稱此達到了“齊遠近，立民信”的目的。

[2]【顔注】師古曰：言萬物之數（殿本無“言”字)，因八卦而起也。【今注】八卦：由陽、陰構成的八個基本圖形，陽爻（⚊）和陰爻（⚋）每三爻合爲一卦，爲乾（☰)、坤（☷)、震（☳)、巽（☴)、坎（☵)、離（☲)、艮（☶)、兑（☱)。八卦方位有伏羲八卦和文王八卦之别，前者稱爲先天八卦，後者稱爲後天八卦。先天八卦與曆法和季節有關，故稱“由數起”。案，羲，蔡琪本、大德本、殿本作“戲”，同。

[3]【顔注】師古曰：三代，夏、殷、周也。稽，考也。考於古事，而法度益明。

[4]【今注】周衰官失孔子陳後王之法：言三代的章法制度已經完備，但自周政權衰敗以來，古有的禮制就已經壞廢了。所以，孔子主張恢復禮制，向後代君王陳述恢復禮制和法度。

[5]【顔注】師古曰：此《論語》載孔子述古帝王之政，以示後世。權謂斤兩也。量，斗斛也。法度，丈尺也。逸民，謂有德而隱處者。

［6］【顔注】師古曰：首謂始定也。【今注】首律歷事：指張蒼首先研究、闡發音律和曆法方面的事情。漢初用秦顓頊曆，就是根據張蒼的意見。

［7］【顔注】師古曰：更質正其事。【今注】樂官考正：指漢武帝時，設立樂府和協律都尉，從事研究和考定音律方面的事情。樂府，秦置，西漢哀帝之前沿用。由樂府令統領，隸屬少府。協律都尉，官名。武帝立樂府，自爲歌詩，以宦官李延年爲協律都尉，佩二千石印綬，職在次序其聲，譜作新曲。李延年被族滅，此職即廢除。

［8］【今注】案，乘，蔡琪本、大德本、殿本作“秉”，是。

［9］【今注】鍾律：即音律。有關音律的理論。黄鐘爲音律之首，故音律也稱鐘律。

［10］【今注】典領條奏：“典領”爲主管統領之義。“條奏”爲分門别類上報。故本志的内容，大多采自劉歆的奏議。

［11］【顔注】師古曰：斑氏自云作志取劉歆之義也（斑，蔡琪本、大德本、殿本作“班”）。自此以下訖於“用竹爲引者，事之宜也”，則其辭焉。【今注】取正義著于篇：指取劉歆條奏，删除錯誤不正確的内容，選取其正確有用的東西，撰述於本志之中。

一曰備數，[1]二曰和聲，[2]三曰審度，[3]四曰嘉量，[4]五曰權衡。[5]參五以變，[6]錯綜其數，稽之於古今，效之於氣物，和之於心耳，考之於經傳，咸得其實，靡不協同。[7]

［1］【今注】備數：即規律和算法。

［2］【今注】和聲：即音律。

［3］【今注】審度：即審查明確長度的單位。

［4］【今注】嘉量：即合適的量度穀物體積的單位。

［5］【今注】權衡：爲確定重量的單位標準。權爲秤錘，衡爲秤杆。

［6］【今注】參五：即三五，指音律中三五等數的變化規律。

［7］【今注】靡不協同：音律、度量衡和氣候曆法没有不協同一致的。靡，無。

數者，一、十、百、千、萬也，所以算數事物，[1]順性命之理也。[2]《書》曰："先其算命。"[3]本起於黄鐘之數，[4]始於一而三之，[5]三三積之，歷十二辰之數，[6]十有七萬七千一百四十七，[7]而五數備矣。[8]其算法用竹，[9]徑一分，長六寸，二百七十一枚而成六觚，爲一握。[10]徑象乾律黄鍾之一，[11]而長象坤吕林鐘之長。[12]其數以《易》大衍之數五十，[13]其用四十九，成陽六爻，[14]得周流六虚之象也。[15]夫推歷生律[16]制器，規圜矩方，權重衡平，準繩嘉量，[17]探賾索隱，鉤深致遠，莫不用焉。[18]度長短者不失豪氂，[19]量多少者不失圭撮，[20]權輕重者不失黍絫。[21]紀於一，協於十，長於百，大於千，衍於萬，其法在算術。宣于天下，小學是則。[22]職在太史，[23]羲和掌之。[24]

［1］【今注】算數事物：計算各種事物。

［2］【今注】順性命之理：按照事物的本質和發生的過程來進行。

［3］【顔注】師古曰：逸《書》也。言王者統業，先立算數

以命百事也。【今注】先其算命：要計算事物，先制訂數和算法，然後用來計量萬物。

［4］【今注】本起於黄鐘之數：萬物的根本起始於黄鐘之數。即是指一這個數。

［5］【顔注】孟康曰：黄鐘，子之律也。子數一。泰極元氣合三爲一（合，蔡琪本、大德本、殿本作"含"），是以一數變而爲三也。【今注】一而三之：萬物起始於太一，對應於黄鐘子律。於二十四節氣爲冬至，這個太一元氣中又含有天、地、人的統一，故曰"一而三之"。三統的觀念由此産生。

［6］【今注】三三積之歷十二辰之數：子爲一，丑爲三，寅爲九，歷十二辰爲一周之數。

［7］【今注】十有七萬七千一百四十七：歷十二辰，三自乘十次，得到此數。詳見下文。案，十有七萬七千一百四十七，大德本作"十有五數備矣七"。

［8］【顔注】孟康曰：初以子一乘丑三，餘則轉因其成數以三乘之，歷十二辰，得是積數也。五行陰陽變化之數備於此矣。【今注】五數備矣：五行陰陽變化之數齊備。經過十二辰以後，四季齊備，十二律也齊備，五行之數也齊備。

［9］【今注】用竹：竹製的籌碼，古代的計算工具。

［10］【顔注】蘇林曰：六觚，六角也。度角至角，其度一寸，面容二分（二，蔡琪本、大德本、殿本作"一"），算九枚，相因之數有十，正面之數實九，其表六九五十四，算中積凡得二百七十一枚。【今注】案，"徑一分"至"爲一握"是説竹籌的形制，寬和厚各一分，長六寸。以 271 枚竹籌組成一個六邊形的形狀，成爲一握。271 這個數，爲陽爻 6、六個陽爻爲 216 策與 49 相加之和。

［11］【今注】徑象乾律黄鐘之一：黄鐘屬於陽性之律，乾爲陽性。十二律分爲陰陽兩組。竹籌的直徑一分，象徵乾律的黄鐘

數一。

［12］【顔注】張晏曰：林鐘長六寸。韋昭曰：黄鐘管九寸，十分之一，得其一分也。【今注】長象坤吕林鐘之長：竹籌的長度象徵林鐘的長。林鐘屬陰性六吕，林鐘律管之長爲六寸。

［13］【今注】以易大衍之數五十：用《周易》大數去演卦。其五十之數爲十日、十二辰、二十八宿三數之和。

［14］【今注】其用四十九成陽六爻：衹以 49 而成爲陽六爻，爲乾。六陽爻共有 216 策。

［15］【顔注】孟康曰：以四十九成陽六爻爲乾，乾之策數二百一十六，以成六爻，是爲周流六虚之象也。【今注】周流六虚之象：每卦六爻，都可以是陽爻或陰爻，往來變化無定，所以稱六爻的位置爲周流六虚。

［16］【顔注】張晏曰：推歷十二辰以生律吕也。【今注】推歷生律制器：推演曆法的子丑寅卯等十二個月，制定十二音律，並用以製作律管。

［17］【顔注】張晏曰：準，水平。量知多少，故曰嘉。

［18］【顔注】師古曰：賾亦深也。索，求也。

［19］【顔注】孟康曰：豪，兔豪也。十豪爲氂。師古曰：度音大各反。

［20］【顔注】應劭曰：圭，自然之形，陰陽之始也。四圭曰撮，三指撮之也。孟康曰：六十四黍爲圭。師古曰：撮音倉括反。【今注】不失圭撮：圭撮爲古代的容量單位，六黍或六十四黍爲一圭，以四圭、十圭或百圭爲一撮。爲容量單位中最小者，故曰量多少者不失圭撮，形容很精密。

［21］【顔注】孟康曰：絫音蠡（絫，大德本作“墨蠡”，殿本作“累”）。應劭曰：十黍爲絫，十絫爲一銖。師古曰：絫，孟音來戈反，此字讀亦音纍紲之纍。【今注】不失黍絫：十粒黍爲一累，黍累表示輕微的重量，不失黍累形容稱量的重量誤差相差不

到幾粒黍米。

［22］【今注】宣于天下小學是則：將這種音律和度量衡制度，宣布於天下，在初等學校中作爲法則進行學習。

［23］【今注】太史：太史令。秦置，漢沿置。掌天文、曆法，記録瑞應、災異。屬太常官，秩六百石。

［24］【今注】羲和：西漢末王莽改大司農爲羲和，後又改稱納言，掌錢穀金帛諸貨幣。

聲者，宫、商、角、徵、羽也。[1]所以作樂者，諧八音，[2]蕩滌人之邪意，全其正性，移風易俗也。八音：土曰塤，[3]匏曰笙，[4]皮曰鼓，[5]竹曰管，[6]絲曰絃，[7]石曰磬，[8]金曰鐘，[9]木曰柷。[10]五聲和，八音諧，而樂成。[11]商之爲言章也，物成孰可章度也。[12]角，觸也，物觸地而出，戴芒角也。宫，中也，居中央，暢四方，唱始施生，爲四聲綱也。徵，祉也，物盛大而緐祉也。羽，宇也，物聚臧宇覆之也。夫聲者，中於宫，觸於角，祉於徵，章於商，宇於羽，故四聲爲宫紀也。[13]協之五行，則角爲木，五常爲仁，五事爲貌。商爲金爲義爲言，徵爲火爲禮爲視，羽爲水爲智爲聽，宫爲土爲信爲思。[14]以君臣民事物言之，則宫爲君，商爲臣，角爲民，徵爲事，羽爲物。[15]唱和有象，[16]故言君臣位事之體也。[17]

［1］【今注】宫商角徵羽：古代五聲音階中的五個音級，相當於西樂中的 do、re、mi、sao、la。它們的音程是：宫到商、商到角、徵到羽都是大二度，角到徵、羽到升宫，是小三度。

［2］【今注】諧八音：八音相協調。

［3］【顔注】應劭曰：《世本》暴辛公作塤。師古曰：燒土爲之，其形鋭上而平底，六孔吹之。塤音許元反，字或作壎，其音同耳。【今注】土曰塤（xūn）：吹奏樂器。因用陶土製作，故曰土。

［4］【顔注】應劭曰：《世本》隨作笙。師古曰：匏，瓠也。列管瓠中，施簧管端。【今注】匏（páo）曰笙：吹奏樂器。俗稱葫蘆笙，管簧用竹製，斗子用瓠瓜或木製。

［5］【顔注】師古曰：鼓者廓也（廓，蔡琪本、大德本、殿本作“郭”，本注下同），言廓張皮而爲之。【今注】皮曰鼓：敲擊樂器，因用皮制，故曰皮鼓。

［6］【顔注】孟康曰：禮樂器記，管，漆竹，長一尺，六孔。《尚書大傳》，西王母來獻白玉琯。漢章帝時零陵文學奚景於泠道舜祠下得白玉琯。古以玉作，不但竹也。【今注】竹曰管：竹製或玉製的吹奏樂器。玉作之器稱爲玉琯。

［7］【今注】絲曰絃：彈奏樂器。用絲綫製成，弦爲發音部件，如琴瑟之類。絃，又作“弦”。

［8］【今注】石曰磬（qìng）：敲擊樂器。石製或玉製。

［9］【今注】金曰鐘：敲擊樂器，如編鐘類。

［10］【顔注】師古曰：柷與俶同，俶，始也。樂將作，先鼓之，故謂之柷。狀如漆桶，中有椎，連底動之（動，殿本作“撞”），令左右擊。音昌六反。【今注】木曰柷（zhù）：撞擊樂器。《爾雅》郭璞注：“柷如漆桶，方二尺四寸，深一尺八寸，中有椎柄，連底挏之，令左右擊。”

［11］【今注】五聲和八音諧而樂成：五音確定配合得正確，八種樂器配合得和諧，這樣，音樂就完美了。

［12］【顔注】師古曰：度音大各反（各，殿本作“角”）。

［13］【今注】案，“商之爲言章也”至“故四聲爲宫紀也”是説五季與五聲相配之事。宫配季夏；商配秋季，故曰穀物成熟；羽

爲冬季，故曰物聚藏；角爲春季，故曰“物觸地而出，戴芒角”；徵爲夏季，故曰“物盛大而緐祉”。此處之物，是指作物、植物的生長在四季中的狀態。故曰“宫爲四聲之綱”“四聲爲宫之紀”。宫是居中央的，而四季又爲宫之基礎。紀，爲基礎之義。案，臧，蔡琪本作“藏”。

［14］【今注】案，“協之五行”至“宫爲土爲信爲思”是談五聲與五行和五常、五事的對應關係。

［15］【今注】案，“以君臣民事物言之”至“羽爲物”是談五聲與君臣的對應關係。

［16］【今注】有象：有威儀。

［17］【今注】位事之體：地位和任務的體制。位事，地位和任務。據以上所述，可列出五聲與五季、五行、五常、五事、君臣的對應關係如表：

五聲	宫	商	角	徵	羽
五季	季夏	秋	春	夏	冬
五行	土	金	木	火	水
五常	信	義	仁	禮	智
五事	思	言	貌	視	聽
君臣	君	臣	民	事	物

五聲之本，生於黄鐘之律。九寸爲宫，或損或益，以定商、角、徵、羽。[1]九六相生，陰陽之應也。[2]律十有二，[3]陽六爲律，陰六爲吕。律以統氣類物，[4]一曰黄鐘，二曰太族，[5]三曰姑洗，四曰蕤賓，五曰夷則，六曰亡射。[6]吕以旅陽宣氣，[7]一曰林鐘，二曰南吕，三曰應鐘，四曰大吕，五曰夾鐘，六曰中吕。[8]有三統之義焉。[9]其傳曰，[10]黄帝之所作也。黄帝使泠綸，[11]自大夏之西，[12]昆侖之陰，取竹之解谷生，[13]其

竅厚均者,[14]斷兩節間而吹之，以爲黄鐘之宫。[15]制十二筩以聽鳳之鳴,[16]其雄鳴爲六，雌鳴亦六，比黄鐘之宫，而皆可以生之，是爲律本。[17]至治之世，天地之氣合以生風;[18]天地之風氣正,[19]十二律定。[20]

[1]【今注】案，“五聲之本”至“以定商角徵羽”意爲音律之義，生於黄鐘之律。九寸爲宫，或損或益，以定十二律。損，減少。益，增加。但黄鐘爲十二律中的第一律，而非五聲之第一律，故“五聲之本生於黄鐘之律”的説法不够準確。

[2]【今注】九六相生陰陽之應也：古人認爲，奇數爲陽，以九爲代表，偶數爲陰，以六爲代表。此觀念源於《周易》陽爻爲九，陰爻爲六。黄鐘爲陽六律的代表，管長九寸，林鐘爲陰六吕的代表，管長六寸，它們之間是互相相生變化的，故曰“九六相生，陰陽之應也”。這句話若移至下句“陰六爲吕”之後，當更爲通順。

[3]【今注】律十有二：用三分損益法，將八分音程，分爲十二個近似的半音，稱爲十二律。

[4]【今注】律以統氣類物：律如氣，發端於元氣，比擬萬物。

[5]【顔注】師古曰：族音千豆反。其下並同（殿本無“其下並同”四字）。

[6]【顔注】師古曰：亡讀曰無。射音亦石反。

[7]【今注】吕以旅陽宣氣：六吕的功能，爲輔助陽律，疏通元氣。

[8]【顔注】師古曰：中讀曰仲。

[9]【今注】三統之義：指天施、地化、人事三個方面的含義，合稱三統。

[10]【今注】其傳曰：據傳説。

［11］【顏注】師古曰：泠音零。綸音倫也（殿本無"也"字）。

［12］【顏注】應劭曰：大夏，西戎之國也。

［13］【顏注】孟康曰：解，脱也。谷，竹溝也。取竹之脱無溝節者也。一説昆侖之北谷名也。晉灼曰：谷名是也。【今注】取竹之解谷生：用大夏以西、崑崙山之北的解谷中生長的竹子，做成律管，作爲標準的黄鐘之音。

［14］【顏注】應劭曰：生者，治也。竅，孔也。孟康曰：竹孔與肉薄厚等也。晉灼曰：取谷中之竹，生而肉孔外内厚薄自然均者，截以爲筩，不復加削刮也。師古曰：晉説是也。

［15］【顏注】師古曰：黄鐘之宫，律之最長也（也，蔡琪本、大德本、殿本作"者"）。

［16］【顏注】師古曰：筩音大東反。【今注】制十二筩以聽鳳之鳴：參照鳳鳥的叫聲，制定十二律管。此爲神秘化的説法。

［17］【顏注】師古曰：比，合也。可以生之，謂上下相生也，故謂之律本。比音頻寐反。【今注】案，"其雄鳴爲六"至"是爲律本"是説雄鳴指陽律，雌鳴指陰律，是爲律本，作爲律的標準音。

［18］【今注】天地之氣合以生風：是説天下太平之時，天地之氣和合，由此而產生的風。

［19］【今注】天地之風氣正：由於天地之氣和合，由此產生的氣温、氣壓、風力、風向都符合四季的正常狀態。

［20］【顏注】孟康曰：律得風氣而成聲，風和乃律調也。臣瓚曰：風氣正則十二月之氣各應其律，不失其序。

黄鐘：黄者，中之色，君之服也；鐘者，種也。天之中數五，[1]五爲聲，聲上宫，五聲莫大焉。地之中數六，[2]六爲律，律有形有色，色上黄，五色莫盛焉。

故陽氣施種於黄泉，孳萌萬物，[3]爲六氣元也。以黄色名元氣律者，著宫聲也。官以九唱六，[4]變動不居，周流六虚。始於子，在十一月。[5]大吕：[6]吕，旅也，言陰大，旅助黄鐘宣氣而牙物也。[7]位於丑，在十二月。太族：[8]族，奏也，言陽氣大，奏地而達物也。[9]位於寅，在正月。夾鐘，[10]言陰夾助太族宣四方之氣而出種物也。[11]位於卯，在二月。姑洗：[12]洗，絜也，言陽氣洗物辜絜之也。[13]位於辰，在三月。中吕，[14]言微陰始起未成，著於其中旅助姑洗宣氣齊物也。[15]位於巳，在四月。蕤賓：[16]蕤，繼也，賓，導也，言陽始導陰氣使繼養物也。[17]位於午，在五月。林鐘：[18]林，君也，言陰氣受任，助蕤賓君主種物使長大楙盛也。[19]位於未，在六月。夷則：[20]則，法也，言陽氣正法度而使陰氣夷當傷之物也。[21]位於申，在七月。南吕：[22]南，任也，言陰氣旅助夷則任成萬物也。[23]位於酉，在八月。亡射：[24]射，厭也，言陽氣究物而使陰氣畢剥落之，[25]終而復始，亡厭已也。位於戌，在九月。應鐘，[26]言陰氣應亡射，該臧萬物而雜陽閡種也。[27]位於亥，在十月。

[1]【顔注】韋昭曰：一三在上，七九在下。

[2]【顔注】韋昭曰：二四在上，八十在下。

[3]【顔注】師古曰：孳讀與滋同，滋，益也。萌，始生（蔡琪本、殿本“生”後有“也”字）。

[4]【顔注】孟康曰：黄鐘陽九，林鐘陰六，言陽唱陰和。【今注】案，官，蔡琪本、大德本、殿本作“宫”，是。

［5］【今注】案，本段言十二律名的含義與十二月的對應關係。黄鐘，爲黄色種子的含義，陽六氣之源，在十一月。黄泉，指地下。孳萌，指作物萌芽繁殖。

［6］【今注】大吕：吕者，陰也。大吕，大陰也。又吕者，旅也，助黄鐘宣氣也。位在十二月。

［7］【今注】牙：同“芽”，牙物者，萌發也。

［8］【今注】太族：也名太簇。太者，大也。族者，透進也。言陽氣增長透進而達物。達物，謂植物新生突出地面。太族對應於正月。

［9］【顔注】師古曰：奏，進也。

［10］【今注】夾鐘：言夾助太族宣四方之氣。出種物者，助太族萌出之植物也。夾鐘爲陰律，處於助陽律的位置。與二月相對應。

［11］【今注】案，太，殿本作“大”。

［12］【今注】姑洗：姑，辜。洗，潔。

［13］【顔注】孟康曰：辜，必也，必使之絜也。【今注】陽氣洗物辜絜之：言洗滌務必使其清潔。含有清除陰濁氣之義。

［14］【今注】中吕：中者，仲也。仲吕者，中等陰也。也作小吕。

［15］【今注】著於其中旅助姑洗宣氣齊物：言位於中旅，助姑洗宣氣齊物，使植物整齊茂盛生長。

［16］【今注】蕤（ruí）賓：蕤，繼承之義。賓者，引導。

［17］【今注】繼養物：繼承養育萬物。

［18］【今注】林鐘：林是主宰之義。説明氣接受任務，輔助蕤賓主宰植物，促使長大茂盛。

［19］【顔注】師古曰：種物，種生之物。楙，古茂字也（殿本無“也”字）。種音之勇反。

［20］【今注】夷則：夷爲殺落、消滅之義。則爲法則之義。

［21］【顔注】師古曰：夷亦傷。【今注】陽氣正法度而使陰氣夷當傷之物：陽氣遵循規律，讓陰氣掃除枯枝敗葉。

［22］【今注】南吕：南者，化育也。

［23］【今注】陰氣旅助夷則任成萬物：陰氣輔助夷則化育植物成熟。

［24］【今注】亡射：又作“無射”。射，窮盡之義。無射，終而復始，無窮無盡。

［25］【今注】言陽氣究物而使陰氣畢剥落之：説陽氣停止養育萬物，讓陰氣全部剥落它們。

［26］【今注】應鐘：應，感應。

［27］【顔注】孟康曰：閡，臧塞也，陰雜陽氣，臧塞爲萬物作種也。晉灼曰：外閉曰閡。師古曰：閡音胡待反。下言“該於亥”（該於亥，蔡琪本、大德本、殿本作“該閡於亥”，是），音訓並同也。【今注】陰氣應亡射該臧萬物而雜陽閡種：陰氣感應無射，植物全部閉藏，陰氣夾雜着陽氣，閉藏大地，爲植物孕育種源。在十月。

三統者，天施，地化，人事之紀也。[1] 十一月，《乾》之初九，[2] 陽氣伏於地下，始著爲一，[3] 萬物萌動，鐘於太陰，[4] 故黄鐘爲天統，律長九寸。九者，所以究極中和，[5] 爲萬物元也。《易》曰：“立天之道，曰陰與陽。”[6] 六月，《坤》之初六，[7] 陰氣受任於太陽，[8] 繼養化柔，萬物生長，楙之於未，令種剛彊大，故林鐘爲地統，律長六寸。六者，所以含陽之施，楙之於六合之内，[9] 令剛柔有體也。“立地之道，曰柔與剛。”[10] “乾知太始，坤作成物。”[11] 正月，《乾》之九三，萬物棣通，[12] 族出於寅，人奉而成之，仁以養之，義以行之，令事物各得其理。寅，木也，爲仁；其聲，商也，爲義。故太族爲人統，[13]律長八寸，象八卦，宓戲氏之所以順天地，通神明，類萬物之情也。[14]“立人之道，曰仁與義。”[15]“在天成象，在地成形。”[16]“后以裁成天地之道，輔相天地之宜，以左右民。”[17]此三律之謂矣，是爲三統。

[1]【顔注】李奇曰：統，緒也。【今注】案，該段觀念，皆源自《周易》説。三統，爲天施、地化、人事的綱紀。在樂律上，對應於黄鐘、林鐘、太族三種功能。案，大德本、殿本無“也”字。

[2]【今注】乾：卦名。八卦之一。三爻皆陽。又六十四卦中乾卦六爻皆陽，自下而上爲初九、九二、九三、九四、九五、上九。

[3]【今注】始著爲一：開始標志之一，象徵事物的起始。夏曆十一月冬至，爲曆法的起始點和曆元，樂律也以此爲起點。

[4]【今注】鐘於太陰：鐘於，起始於。太陰，極盛的陰氣。

[5]【今注】究極中和：自然和諧的元氣。

[6]【顔注】師古曰：《易·説卦》之辭。

[7]【今注】坤：八卦之名。三爻皆陰。又六十四卦之一，坤卦六爻皆陰，自下而上爲初六、六二、六三、六四、六五、上六。

[8]【今注】太陽：極盛的陽氣。案，太，蔡琪本作“大”。

[9]【今注】六合：指宇宙中的天地四方，即古人認爲宇宙中的框架。渾天儀中有六合儀。

[10]【顔注】師古曰：此亦《説卦》之辭也。

[11]【顔注】師古曰：此上《繫》之辭。【今注】太始：古人將宇宙的形成分爲混沌、太始和太素三個階段，混沌之時衹有元氣；太始爲形成物質的原始狀態，太素爲構成各種物質的階段。此

處之太始，爲宇宙形成的第二階段。案，太，殿本作“大”。

［12］【顏注】孟康曰：棣謂通意也。師古曰：“棣”音“替”。【今注】棣通：暢通，通達。

［13］【今注】案，以上總結三統之義，天有使萬物萌動之功，故曰天統；地有養育萬物之功，故曰地統，人以仁、義奉而養之，故曰人統，此爲三統之義。

［14］【顏注】師古曰：宓讀與伏同。【今注】案，蔡琪本無“也”字。

［15］【顏注】師古曰：此《説卦》之辭。

［16］【顏注】師古曰：此上《繫》之辭。【今注】在天成象在地成形：指日月星和其他異常天象；地形，指山嶽、丘陵、河流、湖泊等地貌。

［17］【顏注】師古曰：此《泰卦》象辭也。后，君也，謂王者也。左右，助也。左讀曰佐。右讀曰佑。【今注】后：指君主，即後世之帝王。　輔相：指輔助。

其於三正也，[1]黄鐘子爲天正，[2]林鐘未之衝丑，[3]爲地正，太族寅爲人正。三正正始，是以地正適其始紐於陽東北丑位。《易》曰“東北喪朋，迺終有慶”，[4]荅應之道也。[5]及黄鐘爲宫，則太族、姑洗、林鐘、南吕皆以正聲應，[6]無有忽微，[7]不復與它律爲役者，[8]同心一統之義也。非黄鐘而它律，雖當其月自宫者，則其和應之律有空積忽微，[9]不得其正。此黄鐘至尊，亡與並也。

［1］【今注】三正：夏代曆法，以建寅之月爲正月，人稱夏正、寅正或人正；商代曆法，以建丑之月爲正月，人稱殷正、丑正

或地正；周代曆法，以建子之月爲正月，人稱周正、子正或天正。

[2]【顔注】師古曰：正音之成反。下皆類此。

[3]【今注】未之衝丑：衝，爲十二辰之對衝的意思。丑月正好與未月相對衝。

[4]【顔注】孟康曰：未在西南，陽也，陰而入陽，爲失其類也。師古曰：此《坤卦》彖辭。

[5]【今注】易曰東北喪朋迺終有慶荅應之道：引文出自《易·坤卦》，是説從子位到丑位到寅位，是從陰柔向陽剛發展，雖喪失陰柔的朋輩，但發展前途是吉利的。這是報應的道理。

[6]【今注】皆以正聲應：言太族、姑洗、林鐘、南吕，都與黄鐘以整數相對應。

[7]【顔注】孟康曰：忽微，若有若無，細於髮者也。謂正聲無有殘分也。【今注】無有忽微：没有些微之零數。

[8]【今注】不復與它律爲役者：不再受到其他音律的支配。

[9]【顔注】孟康曰：十二月之氣各以其月之律爲宫，非五音之正，則聲有高下差降（蔡琪本、大德本、殿本“降”後有“也”字，底本無）。空積，若鄭氏分一寸爲數千。【今注】和應：從其調制推演出來的律。　有空積忽微：有多位小數或無窮小數的半音，不會有全音。

《易》曰：“參天兩地而倚數。”[1]天之數始於一，終於二十有五。[2]其義紀之以三，故置一得三，又二十五分之六，凡二十五置，終天之數，得八十一，[3]以天地五位之合終於十者乘之，爲八百一十分，應歷一統[4]千五百三十九歲之章數，黄鐘之實也。[5]繇此之義，[6]起十二律之周徑。[7]地之數始於二，終於三十。[8]其義紀之以兩，故置一得二，凡三十置，終地之數，得六十，[9]以地中數六乘之，爲三百六十分，當期之日，林鐘之實。[10]人者，繼天順地，序氣成物，統八卦，調八風，理八政，[11]正八節，諧八音，舞八佾，[12]監八方，被八荒，[13]以終天地之功，故八八六十四。其義極天地之變，以天地五位之合終於十者乘之，爲六百四十分，以應六十四卦，大族之實也。[14]《書》曰："天功，人其代之。"[15]天兼地，人則天，[16]故以五位之合乘焉，"唯天爲大，唯堯則之"之象也。[17]地以中數乘者，陰道理内，在中饋之象也。[18]三統相通，故黄鐘、林鐘、太族律長皆全寸而亡餘分也。

[1]【顏注】師古曰：《易·説卦》之辭也。倚，立也。參謂奇也，兩謂耦也。七九陽數，六八陰數。【今注】參天兩地而倚數：倚數，主數也。象徵天的奇數一，與象徵地的偶數二，進行組合，而組成數目的體系。

[2]【今注】天之數始於一終於二十有五：五個天數開始於一，以次爲三、五、七、九，五個數相加等於二十五。

[3]【今注】案，自"又二十五分之六"至"得八十一"文字似有錯亂，似當改爲"凡二十五置，加之六，終天之數得八十一"。

[4]【顏注】孟康曰：十九歲爲一章，一統凡八十一章。

[5]【今注】案，天地五位之合終數十，以十乘八十一，得八百一十分，它等於一統的章數：1539÷19＝81。故81爲黄鐘之數。"天地五位之合終於十"，即天數五、地數五，最終匯合於十。

[6]【顏注】師古曰：繇讀與由同。由，用也。

[7]【顏注】孟康曰：律孔徑三分，參天之數也；圍九分，終天之數也。【今注】起十二律之周徑：言十二律管的直徑三分爲

參天之數；圓周九分，爲終天之數。

［8］【今注】地之數始於二終於三十：地之數二、四、六、八、十，五數相加得三十。

［9］【今注】案，“其義紀之以兩”至“得六十”説法玄妙。陰律既以兩爲代表，故置一得二，由此三十便爲六十。

［10］【顔注】孟康曰：林鐘長六寸，圍六分。以圍乘長，得積三百六十分也。師古曰：期音基。謂十二月爲一期也。【今注】當期之日，林鐘之實：當期，一歲之日數；林鐘之實，林鐘律管的容積，林鐘長六寸，圍六分，故得積三百六十分。

［11］【今注】八政：八種政事。《尚書·洪範》以食、貨、祀、司空、司徒、司寇、賓、師爲八政。

［12］【今注】舞八佾（yì）：古代帝王用的樂舞，排成縱横都是八的行列。

［13］【今注】被八荒：言覆蓋八荒。八荒，八面的遥遠蠻荒之地。

［14］【顔注】孟康曰：大族長八寸，圍八分，爲積六百四十分也。

［15］【顔注】師古曰：《虞書·咎繇謨》也。言聖人稟天造化之功代而行之。【今注】天功：天的功能。　人其代之：人應當代替它。

［16］【今注】天兼地人則天：天包容地，人效法天。

［17］【顔注】師古曰：則，法也。《論語》稱孔子曰‘大哉堯之爲君也，唯天爲大，唯堯則之’，美帝堯能法天而行化。【今注】案，語見《論語·泰伯》。

［18］【顔注】師古曰：餽字與饋同。《易·家人卦》六二爻辭曰“无攸遂，在中饋”，言婦人之道，取象於陰，無所必遂，但居中主饋食而已，故云然。【今注】中餽：指婦女在家中主持飲食等事。

天之中數五，地之中數六，而二者爲合。[1]六爲虚，五爲聲，周流於六虚。虚者，爻律夫陰陽，[2]登降運行，[3]列爲十二，而律吕和矣。太極元氣，[4]函三爲一。[5]極，中也。元，始也。行於十二辰，始動於子。[6]參之於丑，得三。[7]又參之於寅，得九。又參之於卯，得二十七。又參之於辰，得八十一。又參之於巳，得二百四十三。又參之於午，得七百二十九。又參之於未，得二千一百八十七。又參之於申，得六千五百六十一。又參之於酉，得萬九千六百八十三。又參之於戌，得五萬九千四十九。又參之於亥，得十七萬七千一百四十七。[8]此陰陽合德，氣鐘於子，化生萬物者也。故孳萌於子，紐牙於丑，[9]引達於寅，冒茆於卯，[10]振美於辰，[11]已盛於巳，[12]咢布於午，[13]昧薆於未，[14]申堅於申，[15]留孰於酉，[16]畢入於戌，[17]該閡於亥。[18]出甲於甲，[19]奮軋於乙，[20]明炳於丙，[21]大盛於丁，豐楙於戊，理紀於己，[22]斂更於庚，[23]悉新於辛，[24]懷任於壬，[25]陳揆於癸。[26]故陰陽之施化，[27]萬物之終始，既類旅於律吕，[28]又經歷於日辰，[29]而變化之情可見矣。

［1］【今注】天之中數五地之中數六而二者爲合：天之數即陽數，地之數即陰數。五和六又正好居於中央接合處，故曰“二者爲合”。

［2］【今注】虚者爻律夫陰陽：虚，就是陰陽變化着的樂律。

［3］【今注】登降運行：即升降運行。六律由黄鐘至無射爲上升，反之爲降；六吕由林鐘至中吕爲上升，反之爲降。

［4］【今注】太極：指宇宙未形成前的狀態，是生成萬物的本源。　元氣：指産物和構成天地萬物的原始物質，是渾沌清虚的實體。

［5］【顔注】孟康曰：元氣始起於子，未分之時，天地人混合爲一，故子數獨一也。師古曰：函讀與含同。後皆類此也（蔡琪本、大德本無“也”字）。【今注】函三爲一：其中包含着天地人三種性質的特性。

［6］【今注】案，“極中也”至“始動於子”，極，指北極，天的中央。元，天體運行的開始，它對應於子，行十二辰而一周。

［7］【今注】參之於丑得三：曆元在子爲一，行至丑處，以三乘，得三。

［8］【今注】得十七萬七千一百四十七：自丑三自乘十次，得 177147。

［9］【今注】紐牙：指含芽。紐，指萌芽時的屈曲狀態。

［10］【顔注】師古曰：茆謂叢生也（蔡琪本無“生”字），音莫保反。【今注】冒茆：冒出而叢生。

［11］【今注】振美：奮起而延長。

［12］【今注】已盛：已經全盛。

［13］【顔注】蘇林曰：咢音鄂也（鄂，蔡琪本、大德本、殿本作“愕”）。【今注】咢布：咢，通“遻”，迕逆。布，散布。言午月之時，陰氣開始迕逆生長，陽氣開始散布。

［14］【顔注】師古曰：薆，蔽也，音愛。【今注】昧薆：幽暗隱蔽。

［15］【今注】申堅：言植物之身體成長堅實。申，同“身”。

［16］【今注】留孰：成熟的植物停止生長。

［17］【今注】畢入：陽氣入地，植物收藏。

［18］【今注】該閡：陽氣潜藏，大地閉塞。

［19］【今注】出甲：植物破甲而出。甲，指植物種子的外皮。

［20］【顔注】師古曰：軋音於黠反。【今注】奮軋：奮力掙扎。

［21］【今注】明炳：光明顯著。

［22］【今注】理紀：植物生長有理有紀，定型易辨。

［23］【今注】斂更：更改、變化。

［24］【今注】悉新：指植物成熟收穫。新，砍伐。

［25］【今注】懷任：陰陽交合，生物懷孕。任，通"妊"。

［26］【今注】陳揆：陳，陳列；揆，度量。言生物可以加以認識和度量。

［27］【今注】施化：布施化育。

［28］【今注】類旅：比擬，類似。

［29］【今注】日辰：十日十二支。

玉衡杓建，天之綱也；[1]日月初躔，星之紀也。[2]綱紀之交，以原始造設，合樂用焉。[3]律吕唱和，以育生成化，歌奏用焉。[4]指顧取象，[5]然後陰陽萬物靡不條鬯該成。[6]故以成之數忖該之積，[7]如法爲一寸，則黄鐘之長也。[8]參分損一，下生林鐘。[9]參分林鐘益一，上生太族。[10]參分太族損一，下生南吕。參分南吕益一，上生姑洗。參分姑洗損一，下生應鐘。參分應鐘益一，上生蕤賓。參分蕤賓損一，下生大吕。參分大吕益一，上生夷則。參分夷則損一，下生夾鐘。參分夾鐘益一，上生亡射。參分亡射損一，下生中吕。陰陽相生，自黄鐘始而左旋，[11]八八爲伍。[12]其法皆用銅。[13]職在大樂，[14]大常掌之。

［1］【顔注】如淳曰：杓音猋，斗端星也。孟康曰：斗在天

中，周制四方，猶宫聲處中，爲四聲綱也。師古曰：杓音必遥反。【今注】玉衡杓（biāo）建：玉衡，北斗七星中的第五星。杓，斗杓，即斗柄。玉衡爲斗柄三星中的第一星。杓建，古代以北斗斗柄的指向定季節，傍晚時斗柄指子爲子月，即農曆十一月，指丑爲五月，即十二月，指寅爲寅月，即正月，以下類推，以斗柄十二月指向定十二月名，稱爲十二月建。　天之綱也：爲以星辰確定季節的綱要。綱，要領。

［2］【顏注】孟康曰：躔，舍也。二十八舍列在四方，日月行焉，起於星紀，而又周之，猶四聲爲宫紀也。晉灼曰：下言斗綱之端連貫營室，織女之紀指牽牛之初，以紀日月，故曰星紀。五星起其初，日月起其中。是謂天之綱紀也。師古曰：躔，踐也，音直連反。【今注】日月初躔：日月五星開始運行。古代曆法推算天體的運行，均起自冬至點，稱爲曆元，故曰初躔。　星之紀也：即星紀星次，爲十二星次中的第一次，對應於二十八宿中的斗宿和牽牛宿。

［3］【今注】合樂用焉：綱紀的交點，爲創作樂曲的起點。合樂，創作樂曲。

［4］【今注】歌奏用焉：聲樂和器樂的配合也用到它。

［5］【今注】指顧取象：言確立了杓建天綱之後，觀察天象的陰陽變化就會條理分明。指，手指。顧，目視。

［6］【顏注】師古曰：條，達也。鬯與暢同。【今注】靡不條鬯（chàng）：言無不通暢。鬯，同“暢”。

［7］【顏注】孟康曰：成之數者，謂黄鐘之法數。該之積，爲黄鐘變生十二辰積實之數也。忖，除也。言以法數除積得九寸，即黄鐘之長也（即，蔡琪本作“則”）。言該者，該衆律之數也。師古曰：忖音千本反。【今注】以成之數忖（cǔn）該之積：成之數，生成之數，天地十個數中，前五數爲生數，後五數爲成數。對於一歲中的植物生長而言，上半年爲生長之時，下半年爲成熟之

時，正與生成之數相對應。忖，揣度，除。該之積，亥位之積177147。酉月即農曆八月，爲植物成熟之月，稱爲成之數。以成之數去除該之積，得數爲九。

［8］【顔注】孟康曰：得一寸，則所謂得九寸也。言一者，張法辭。【今注】如法爲一寸則黄鐘之長也：設基數爲一寸，則黄鐘之長就是九寸。基數，基本單位。

［9］【顔注】張晏曰：黄鐘長九寸，以一乘九得十八（一，蔡琪本、大德本、殿本作"二"），以二除之（二，蔡琪本、大德本、殿本作"三"），得林鐘六寸。其法率如此，推當算乃解。晉灼曰：蔡邕《律曆記》"凡陽生陰曰下，陰生陽曰上"也。【今注】參分損一下生林鐘：將黄鐘之母數九除以三，再與母數相減，便得林鐘之數。母數與損一之後的數相減，稱之爲下生。

［10］【今注】參分林鐘益一上生太族：將林鐘之數除以三，再與林鐘之數相加，得太族。與母數相加，爲上生。以下類推。

［11］【今注】左旋：從子位沿着寅卯等方向，直至亥位，爲左旋，亦即順時針方向旋轉。反之爲右旋。

［12］【顔注】孟康曰：從子數辰至未得八，下生林鐘。數未至寅得八，上生太族。律上下相生，皆以此爲率。伍，耦也，八八爲耦。【今注】八八爲伍：每個鐘率之間的數相距八位。

［13］【今注】法皆用銅：標準的律管，皆用銅製作。

［14］【今注】職在大樂：由大樂主管。大樂即太樂，由九卿之一的太常執掌領導。

度者，分、寸、尺、丈、引也，所以度長短也。[1]本起黄鐘之長。以子穀秬黍中者，[2]一黍之廣，度之九十分，黄鐘之長。一爲一分，十分爲寸，十寸爲尺，十尺爲丈，十丈爲引，[3]而五度審矣。其法用銅，高一寸，廣二寸，長一丈，而分寸尺丈存焉。[4]用竹爲引，高一分，廣六分，長十丈，其方法矩，高廣之數，陰陽之象也。[5]分者，自三微而成著，[6]可分别也。寸者，忖也。尺者，蒦也。[7]丈者，張也。引者，信也。[8]夫度者，别於分，忖於寸，蒦於尺，張於丈，信於引。引者，信天下也。職在内官，[9]廷尉掌之。[10]

［1］【顔注】師古曰：度音大各反。下皆類此。【今注】度：量度，單位共有分、寸、尺、丈、引五級，爲計量長度的單位。

［2］【顔注】孟康曰：子北方，北方黑，謂黑黍也（殿本無“孟康曰子北方北方黑謂黑黍也”十三字）。師古曰：此説非也（殿本無“此説非也”四字）。子穀猶言穀子耳（殿本無“耳”字），秬即黑黍，無取北方爲號也（殿本無“無取北方爲號也”七字）。中者，不大不小也。言取黑黍穀子大小中者，率爲分寸也。秬音鉅。【今注】子穀：穀子的果實。　秬（jù）黍：黑色顆粒的黍米。　中者：中等大小。

［3］【今注】案，“一爲一分”至“十丈爲引”之意爲，一粒中等大小的黍米之寬度，作爲一分的長度，十分爲一寸，十寸爲一尺，十尺爲一丈，十丈爲一引。丘光明《中國古代計量史圖鑒》（張延明譯，合肥工業大學出版社 2005 年版，第 70 頁）載，他們曾用累黍去作過驗證，選用 1200 粒中等大小的黄褐色秬黍，將其横排 100 粒，得到長度爲 23 釐米，與西漢之尺相合（圖 1）。

［4］【今注】案，“其法用銅”至“而分寸尺丈存焉”所述是用風速製成法定的標準尺度，高一寸，寬二寸，長一丈。西漢的一尺，約合今 23.1 釐米（圖 2、圖 3）。

［5］【顔注】孟康曰：高一分，廣六分。一爲陽，六爲陰也。【今注】方法：道理和取法。　陰陽之象：引尺的標準用竹製作，其高一分，長六分，分别爲陽數和陰數。

［6］【今注】三微而成著：言三個微分而構成一分，成爲明顯

可以分辨的一分之長。古時又將五日稱爲一微，三微十五日爲一著，故中氣又稱爲著。

［7］【顔注】師古曰：蒦音約。

［8］【顔注】師古曰：信讀曰伸，言其長。

［9］【顔注】師古曰：内官，署名也。《百官表》云"内官長丞，初屬少府，中屬主爵，後屬宗正"。【今注】内官：由宗正主管。

［10］【顔注】師古曰：法度所起，故屬廷尉也。【今注】廷尉：漢承秦置。掌刑獄，爲主管司法的最高長官。列卿之一，秩中二千石。

量者，龠、合、升、斗、斛也，[1]所以量多少也。[2]本起於黄鐘之龠，用度數審其容，[3]以子穀秬黍中者千有二百實其龠，[4]以井水準其槩。[5]十龠爲合，十合爲升，十升爲斗，十斗爲斛，而五量嘉矣。[6]其法用銅，方尺而圜其外，旁有庣焉。[7]其上爲斛，其下爲斗。[8]左耳爲升，右耳爲合龠。其狀似爵，[9]以縻爵禄。[10]上三下二，[11]參天兩地，圜而函方，左一右二，[12]陰陽之象也。[13]其圜象規，其重二鈞，[14]備氣物之數，合萬有一千五百二十。[15]聲中黄鐘，始於黄鐘而反覆焉，[16]君制器之象也。龠者，黄鐘律之實也，躍微動氣而生物也。合者，合龠之量也。升者，登合之量也。斗者，聚升之量也。斛者，角斗平多少之量也。夫量者，躍於龠，合於合，登於升，聚於斗，角於斛也。職在太倉，[17]大司農掌之。[18]

［1］【顔注】師古曰：龠音籥。合音閤。【今注】量：量度容積多少的單位。共分爲龠、合、升、斗、斛五級。　龠（yuè）：其長、寬各九分，取法於黄鐘，深一寸，合容積八十一立方分，爲容量中的最小單位。　合（gě）：二龠爲一合。　斛（hú）：十斗爲一斛，約合今20.0975升。案，蔡琪本無“也”字。

［2］【顔注】師古曰：量音力張反（殿本無此注）。

［3］【顔注】師古曰：因度以生量也。其容，謂其中所容受之多少也。

［4］【今注】案，丘光明《中國古代計量史圖鑒》（第70頁）對此説法進行校量的結果是，“用1200粒黍測其容，約11.5毫升，略大於新莽一龠之量（莽時一龠當爲10毫升）”。經過校量，一龠的容積，與1200粒黍的體積是大致相等的，由此證明本志説法有根據。

［5］【顔注】孟康曰：槩欲其直，故以水平之。井水清，清則平也。師古曰：槩所以槩平斗斛之上者也，音工代反，又音工内反。【今注】以井水準其槩：言利用井水的平面來校準槩。槩，指量度時用來刮平器面的直尺。

［6］【顔注】師古曰：嘉，善也。【今注】案，撮、龠、升、斗，新莽始建國標準器和黽池銅升都已出土（圖4、圖5、圖6、圖7）。至於斛量，另見新莽嘉量圖（圖8）。經測量，銅撮容2.1毫升，龠10毫升，黽池銅升198毫升，方斗1940毫升。由此可以推知，西漢時一龠約爲10毫升，一合約爲20毫升，一升約爲200毫升，一斗約爲2000毫升。十龠，大德本、殿本作“合龠”。

［7］【顔注】鄭氏曰：庣音條桑之條。庣，過也。算方一尺，所受一斛，過九氂五豪，然後成斛。今尚方有王莽時銅斛，制盡與此同。師古曰：庣，不滿之處也，音吐彫反。　【今注】庣（tiāo）：凹下之處。

［8］【顔注】孟康曰：其上謂仰斛也，其下謂覆斛之底，受

一斗。

［9］【今注】爵：商周時的酒器。

［10］【顔注】晉灼曰：縻，散也。【今注】以縻爵禄：爲分配官員俸米之用具。縻，同“靡”，分配。

［11］【今注】上三下二：指斛桶上部占三份，下部占二份，象徵天數三、地數二。

［12］【今注】左一右二：左一，指升筒部分；右二，指合筒和龠筒部分。它象徵着陰性和陽性的形象。

［13］【今注】案，“其法用銅”至“陰陽之象也”是説用銅製造一件包括龠、合、升、斗、斛五種容器的嘉量，正上方爲斛，它對應的下方爲斗，左面一件容器口向上爲斗，右面兩件容器向上的爲合，向下的爲龠。三個容器口向上，二個容器口向下，對應於《周易》中的參天兩地。又是陰陽的象徵。臺北故宫博物院收藏了一件新莽銅嘉量，各器都載有解説銘文，經測量所得結果如下表。據所測容量，與以上所載相應容器大致相合，其誤差大多在10毫升以内。其中小容器龠、合的誤差，都在1毫升以下。其結構與本志的記載完全相合，疑此器即爲本志所載之器。

量别	口徑（釐米）	深（釐米）	水容量（毫升）
龠	3.23	1.29	10.65
合	3.29	2.42	21.13
升	6.49	5.78	191.83
斗	32.56	2.27	2012.5
斛	32.95	22.90	20097.5

［14］【今注】鈞：重量單位，爲30斤。

［15］【顔注】孟康曰：三十斤爲鈞，鈞萬一千五百二十銖。【今注】合萬有一千五百二十：言二鈞等於1520銖，上古銖的重量，有100黍、96黍、144黍三種不同的説法。

［16］【顔注】孟康曰：反斛聲中黄鐘，覆斛亦中黄鐘之宫，宫爲君也。臣瓚曰：仰斛受一斛，覆底受一斗，故曰反覆焉。師古曰：覆音芳目反。

［17］【今注】太倉：國家中央糧倉，也是主管官員之名。

［18］【顔注】師古曰：米粟之量，故在太倉也。【今注】大司農：西漢武帝改大農令置。掌管全國租賦收入和國家財政開支。秩中二千石，列位九卿。

衡權者，衡，平也，權，重也，衡所以任權而均物平輕重也。[1]其道如底，[2]以見準之正，[3]繩之直，[4]左旋見規，[5]右折見矩。[6]其在天也，佐助旋機，斟酌建指，以齊七政，[7]故曰玉衡。[8]《論語》云："立則見其參於前也，[9]在車則見其倚於衡也。"[10]又曰："齊之以禮。"[11]此衡在前居南方之義也。[12]

［1］【今注】衡所以任權而均物平輕重也：這是説，"衡"就是利用使已知重量單位與物在衡的兩端均平而達到稱量物重量的器物。衡，即平衡，秤衡。

［2］【顔注】師古曰：底，平也，謂以底石厲物令平齊也。底音指。【今注】其道如底：其原理如砥石。

［3］【今注】準之正：觀察水準和方向的正確。

［4］【今注】繩之直：墨綫的直。

［5］【今注】左旋見規：向左面旋轉時如圓規畫的圓。

［6］【今注】右折見矩：向右面轉折時如矩的方。

［7］【顔注】師古曰：七政，日、月、五星也。

［8］【今注】案，"其在天也"至"故曰玉衡"意爲，它在天上的形象，借助於斗魁的旋轉，以斗柄指向所建立的月建，以次考定日月五星運行的方位，故斗柄又稱爲玉衡。

［9］【顔注】孟康曰：權、衡、量，三等爲參。

［10］【今注】立則見其參於前在車則見其倚於衡也：站立就

看到它們紛紛站在前面，乘車時就看到它們伏在車軛上。語見《論語·衛靈公》。

［11］【今注】齊之以禮：用禮教整治、統一人民的思想和行爲。

［12］【今注】此衡在前居南方之義也：這就是玉衡位於北斗前面而居於南方的意思。

權者，銖、兩、斤、鈞、石也，所以稱物平施，[1]知輕重也。本起於黄鐘之重。一龠容千二百黍，重十二銖，兩之爲兩。[2]二十四銖爲兩。十六兩爲斤。三十斤爲鈞。四鈞爲石。[3]忖爲十八，《易》十有八變之象也。[4]五權之制，[5]以義立之，以物鈞之，其餘小大之差，以輕重爲宜。[6]圜而環之，[7]令之肉倍好者，[8]周旋無端，終而復始，無窮已也。[9]銖者，物繇忽微始，至於成著，可殊異也。[10]兩者，兩黄鐘律之重也。[11]二十四銖而成兩者，二十四氣之象也。斤者，明也，三百八十四銖，易二篇之爻，陰陽變動之象也。十六兩成斤者，四時乘四方之象也。鈞者，均也，陽施其氣，陰化其物，皆得其成就平均也。權與物均，重萬一千五百二十銖，當萬物之象也。[12]四百八十兩者，六旬行八節之象也。[13]三十斤成鈞者，一月之象也。石者，大也，權之大者也。始於銖，兩於兩，明於斤，均於鈞，終於石，物終石大也。四鈞爲石者，四時之象也。重百二十斤者，十二月之象也。終於十二辰而復於子，黄鍾之象也。[14]千九百二十兩者，陰陽之數也。三百八十四爻，五行之象也。四萬六千八十銖者，萬一千五百二十物歷四時之象也。而歲功成就，五權謹矣。

［1］【今注】稱物平施：稱量物體，公平給予。

［2］【今注】一龠容千二百黍重十二銖兩之爲兩：言漢代的重量單位，一龠等於1200粒黍米，又等於12銖重。銖的2倍爲1兩重。那麼，漢代重量單位五權制的最小單位龠以下還有一個單位稱爲銖。丘光明《中國古代計量史圖鑒》（第70頁）説，他們曾作過校量，用“1200粒黍測其重，得7.4克，與新莽時期12銖之重亦約略相近”。那麼，漢時定義100粒黍等於1銖，每銖重約等於0.62克。上海博物館收藏有秦咸陽亭半兩銅權，重7.55克。半兩等於1銖，《圖鑒》所測1龠之重，與秦半兩銅權相當。

［3］【今注】十六兩爲斤三十斤爲鈞四鈞爲石：漢代實行以16兩爲1斤，30斤爲1鈞，4鈞爲1石的權重制度。鈞與石的單位和名稱，可能創自西漢，但從出土的秦楚銅石權可知，西漢每斤的重量，與秦楚基本一致，約爲250克。因此，1斤爲16兩，1鈞爲30斤，1石爲4鈞的制度，可能起自西漢。北京大學藏陝西富平縣出土的“武庫一斤”銅權（圖9），重252克；中國社會科學院考古研究所藏河北滿城墓出土西漢三鈞鐵權（圖10），重22490克，都證明西漢時每斤重約250克，1鈞爲30斤。

［4］【顔注】孟康曰：忖，度也，度其義有十八也。黄鐘、龠、銖、兩、鈞、斤、石凡七，與下十一象爲十八也。張晏曰：象《易》三揲蓍而成一爻，十八變具六爻而成卦。【今注】忖爲十八易十有八變之象也：1鈞的銖數，用《易》的卦數去除，得數爲十八（的十倍），這就是《易》十八變而成卦的象徵。是説一鈞的銖數源於《易》的十八變，這就使鈞的重量單位的確定，也具有神秘色彩。這句話表達得不够清楚和完整，其中有省略，“忖爲十八”的來源是這樣的：1龠爲12銖，1兩爲24銖，1斤爲384銖，

1 鈞爲 30 斤，爲 11520 銖。將 1 鈞的銖數，以周易的卦數 64 去除，得到 180，爲 18 的 10 倍。這便是“忖爲十八”的來歷。“《易》十有八變”的含義爲：《易·繫辭上》有“十有八變而成卦”之説。每爻有三變，六爻爲一卦，故曰“十有八變而成卦”。

［5］【今注】五權之制：重量的五級單位銖、兩、斤、鈞、石。

［6］【今注】案，“五權之制”至“以輕重爲宜”是説五權的制度，憑法律的權威去確立它，拿物體去均衡它，其大小的重量單位的運用，根據具體物件的輕重靈活運用。義，原則，法律權威。鈞，通“均”，平均，均衡。

［7］【今注】圜而環之：秤錘的形狀製成環狀。西漢以前稱物體重量，主要是衡器，它由衡杆和權組成，衡杆中間有鑽孔作爲支點，兩端繫以稱盤，一面置物，一面置權重。權有錘狀和環狀兩種。將權製成環狀，大約起自春秋，湖南省博物館收藏有一套完整的衡器，即長沙左家公山 1954 年出土的戰國楚木衡杆和一組九件銅環（圖 11），測量的結果如下表。這是一組小型衡器，據推測，主要是用於稱量黄金的。

編號	一	二	三	四	五	六	七	八	九
重量（克）	0.6	1.2	2.1	4.6	8	15.6	31.3	61.8	125
外徑（釐米）	0.72	0.88	1.03	1.4	1.7	2.36	2.96	3.82	4.95
權名	1 銖	2 銖	3 銖	6 銖	12 銖	1 兩	2 兩	4 兩	半斤

［8］【顔注】孟康曰：謂爲錘之形如鐶也（鐶，蔡琪本、大德本、殿本作“環”）。如淳曰：體爲肉，孔爲好。師古曰：錘者，稱之權也，音直垂反，又音直睡反。【今注】令之肉倍好者：使它環體肉部倍於孔徑。肉，指錘體本身。好，指圓形器中間的孔徑。倍，一倍。

［9］【今注】周旋無端終而復始無窮已也：這句話的目的是説，秤錘製成圓環狀，象徵宇宙無窮循環。

［10］【顔注】師古曰：繇讀與由同。由，從也（殿本無此注）。

［11］【顔注】李奇曰：黄鐘之管重十二銖，兩十二得二十四也。

［12］【今注】重萬一千五百二十銖當萬物之象也：1 鈞等於 11520 銖，象徵萬物。因爲 1 鈞之銖數爲一萬多，這個數字與萬物之數相對應，是神秘附會之辭。

［13］【顔注】孟康曰：六甲爲六旬，一歲有八節，六甲周行成歲，以六乘八節得之。【今注】四百八十兩者六旬行八節之象也：480 兩爲 1 鈞的銖數，它等於六十干支與八節相乘之數。

［14］【顔注】孟康曰：稱之數始於銖，終於石。石重百二十斤，象十二月。銖之重本取於子。律，黄鐘一龠容千二百黍，爲十二銖，故曰復於子，黄鐘之象也。

權與物鈞而生衡，[1]衡運生規，規圜生矩，矩方生繩，繩直生準，[2]準正則平衡而鈞權矣。是爲五則。[3]規者，所以規圜器械，令得其類也。矩者，矩方器械，[4]令不失其形也。規矩相須，[5]陰陽位序，圜方乃成。準者，所以揆平取正也。[6]繩者，上下端直，經緯四通也。[7]準繩連體，衡權合德，百工繇焉，以定法式，[8]輔弼執玉，以翼天子。[9]《詩》云："尹氏大師，秉國之鈞，四方是維，天子是毗，俾民不迷。"[10]咸有五象，其義一也。[11]

［1］【顔注】孟康曰：謂錘與物鈞，所稱適停，則衡平也。

［2］【顔注】韋昭曰：立準以望繩，以水爲平。

［3］【今注】五則：指生衡、生規、生矩、生繩、生準的五種

法則。

［4］【今注】案，蔡琪本、大德本、殿本“矩”前有“所以”兩字。

［5］【今注】相須：配合使用。

［6］【今注】準者：指水準器，取水平的方法。

［7］【今注】繩者：取鉛垂綫的方法。經緯四通，指上下左右均已取正。

［8］【顏注】師古曰：繇讀與由同。由，用也（殿本無此注）。【今注】百工繇焉以定法式：言有了水準器、垂繩、衡權等制度，百種工匠就可以遵循使用了。

［9］【顏注】師古曰：翼，助也（殿本無此注）。【今注】輔弼執玉以翼天子：《尚書·臯陶謨》《大傳》云，天子四鄰“左曰輔右曰弼”，後稱宰相爲輔弼，泛指大臣。執玉，執着玉版上朝，翼天子，輔助天子。曹相成等《漢書注譯》認爲“執玉”當爲“執之”之誤。應不誤。執玉，當爲輔佐大臣爲天子公平執法的象徵。

［10］【顏注】師古曰：《小雅·節南山》之詩也。言尹氏居太師之官（太，蔡琪本作“大”），執持國之權量，維制四方，輔翼天子，使下無迷惑也。

［11］【今注】咸有五象其義一也：共有衡、規、矩、繩、準五象，它們的原理是統一的。

以陰陽言之，大陰者，[1]北方。北，伏也，陽氣伏於下，於時爲冬。冬，終也，物終臧，乃可稱。[2]水潤下。[3]知者謀，謀者重，故爲權也。大陽者，南方。南，任也，陽氣任養物，於時爲夏。夏，假也，物假大，[4]乃宣平。火炎上。禮者齊也，[5]齊者平，故爲衡也。少陰者，西方。西，遷也，陰氣遷落物，於時爲秋。秋，䶂也，[6]物䶂斂，[7]乃成孰。金從革，改更也。義者成，成者方，故爲矩也。[8]少陽者，東方。東，動也，陽氣動物，於時爲春。春，蠢也，物蠢生，迺動運。[9]木曲直。仁者生，生者圜，故爲規也。中央者，陰陽之内，四方之中，經緯通達，迺能端直，於時爲四季。[10]土稼嗇蕃息。[11]信者誠，誠者直，故爲繩也。五則揆物，有輕重圜方平直陰陽之義，四方四時之體，五常五行之象。厥法有品，[12]各順其方而應其行。職在大行，鴻臚掌之。[13]

[1]【今注】案，大，蔡琪本、殿本作"太"。下文"大陽者"同。

[2]【今注】物終臧乃可稱：植物最終停止收藏，纔可以稱量。

[3]【今注】水潤下：與以上所言太陰、冬季相對應。冬季爲水，水性有潤澤向下的功能。下文夏季火炎上、春季木曲直、秋季金從革、中央土稼嗇等語，説皆出自《尚書·洪範》。

[4]【今注】夏假也物假大：夏季爲大，對應於植物生長巨大。

[5]【今注】案，蔡琪本、大德本、殿本無"也"字。

[6]【顔注】師古曰：䶂，音子由反（大德本、殿本無"音"字）。

[7]【今注】秋䶂（jiū）也物䶂斂：秋季收束，植物收束斂藏。䶂，同"揫"，聚集。

[8]【今注】義者成成者方故爲矩：正義就爲成熟，成熟就會方正，就體現在矩尺上。

[9]【今注】春蠢也物蠢生迺動運：春季如動物爬動，植物初

生，便有發展變化。

［10］【今注】於時爲四季：中央對應着中方，在季節上對應於四季中的第三個月末。五行中土的方位，在中國早期的説法對應於季夏，五季每季七十二天。《淮南子·天文》説中央土，其時戊己，就是對應於夏季之間的季夏。自《漢書》始，改爲對應於四季末尾各十八日。

［11］【顔注】師古曰：蕃，多也。息，生也。蕃音扶元反（殿本無此注）。【今注】稼嗇：播種和收穫。嗇，通“穡”。

［12］【今注】厥法：其法。

［13］【顔注】師古曰：平均曲直，齊一遠近，故在鴻臚。【今注】職在大行鴻臚掌之：由大行令分管，由九卿之一的大鴻臚主管。秦置典客，漢沿置，掌禮賓諸侯，包括諸侯王入朝時的迎送、朝會、封授禮儀，以及郡國上計吏的接待事務等。位列九卿，秩中二千石。漢景帝中元六年（前144）更名大行令，簡稱大行。武帝太初元年（前104）改大行令爲大鴻臚，原大行令屬官行人改稱大行令，秩六百石。成帝河平元年（前28）省典屬國，其管理四方少數民族朝貢交流的職能轉歸大鴻臚。

《書》曰：“予欲聞六律、五聲、八音、七始詠，以出内五言，女聽。”[1]予者，帝舜也。言以律吕和五聲，施之八音，合之成樂。七者，天地四時人之始也。[2]順以歌詠五常之言，聽之則順乎天地，序乎四時，應人倫，本陰陽，原情性，風之以德，感之以樂，[3]莫不同乎一。[4]唯聖人爲能同天下之意，故帝舜欲聞之也。今廣延群儒，博謀講道，修明舊典，同律，審度，嘉量，平衡，鈞權，正準，直繩，立于五則，備數和聲，以利兆民，貞天下於一，同海内之歸。[5]凡律度量衡用銅者，名自名也，[6]所以同天下，齊風俗也。銅爲物之至精，不爲燥溼寒暑變其節，不爲風雨暴露改其形，介然有常，有似於士君子之行，[7]是以用銅也。用竹爲引者，事之宜也。[8]

[1]【顏注】師古曰：《虞書·益稷篇》所載舜與禹言。【今注】予：帝舜自稱。　八音：指八種樂器。　詠：歌詠。　出納：采納；接受。內，同“納”。　五言：指仁、義、禮、智、信五德的言論。　女：通“汝”。

[2]【今注】七者天地四時人之始也：七始，音樂理論，後成爲樂典名。即黄鐘、林鐘、太族，爲天、地、人之始，姑洗、蕤賓、南吕、應鐘，爲春、夏、秋、冬四季之始，合稱七始。

[3]【顏注】師古曰：以德化之，以樂動之。《詩序》曰“上以風化下”。【今注】序：順序，協調。　人倫：指人與人之間的關係和應當遵守的行爲準則。　本：根據，起始。　原：起源。　風：通“諷”，感化。

[4]【今注】案，以上講音樂歌詠對於政治工作的作用。言以仁、義、禮、智、信五常的語言，配上歌辭，用道德去熏陶他們，以音樂的形式去感染他們，人心和思想就没有不統一的。

[5]【顏注】師古曰：貞，正也。《易·下繫》之辭曰“天下之動貞夫一者也”，言皆以一爲正也。又曰“天下同歸而殊塗，一致而百慮”，言塗雖殊其歸則同，慮雖百其致則一也，故志引之云爾。【今注】案，以上數語，言衹要能同天下之義，修明典律制度和五則，就能使這些制度在天下得到統一，海内的人民就都有歸附之心。貞，正。海内，四海之内。

[6]【顏注】師古曰：取銅之名，以合於同也。【今注】名自名：以銅製造這些標準器具，使海内制度同一，取銅與同讀音相諧。

［7］【顔注】師古曰：介然，特異之意。【今注】介然有常：特性常存。

［8］【顔注】李奇曰：引長十丈，高一分，廣六分，唯竹篾柔而堅爲宜耳。【今注】事之宜也：使用方便。

歷數之起上矣。[1]傳述顓頊命南正重司天，火正黎司地，[2]其後三苗亂德，二官咸廢，[3]而閏餘乖次，[4]孟陬殄滅，[5]攝提失方。[6]堯復育重、黎之後，使纂其業，故《書》曰："迺命羲、和，欽若昊天，[7]歷象日月星辰，敬授民時。""歲三百有六旬有六日，以閏月定四時成歲，允釐百官，衆功皆美。"[8]其後以授舜曰："咨爾舜，天之歷數在爾躬。""舜亦以命禹。"[9]至周武王訪箕子，[10]箕子言大法九章，[11]而五紀明歷法。[12]故自殷周，皆創業改制，[13]咸正歷紀，[14]服色從之，[15]順其時氣，以應天道。三代既没，五伯之末，[16]史官喪紀，疇人子弟分散，[17]或在夷狄，故其所記，有《黄帝》《顓頊》《夏》《殷》《周》及《魯歷》。[18]戰國擾攘，秦兼天下，未皇暇也，[19]亦頗推五勝，[20]而自以獲水德，乃以十月爲正，色上黑。[21]

［1］【今注】歷數：推算歲時節候順序的方法。　上：早；久遠。

［2］【顔注】臣瓚曰：南正司天，則北正當司地，不得言火正也。古文火字與北相似，故遂誤耳。師古曰：此説非也。班固《幽通賦》云"玄黎醇耀於高辛"，是則黎爲火正也。【今注】南正重司天火正黎司地：語出《史記·曆書》："乃命南正重司天以屬

神，命火正黎司地以屬民。”更爲完整的説法出自《國語·楚語》觀射父對昭王問曰：“顓頊受之，乃命南正重司天以屬神，命火正黎司地以屬民，使復舊常，無相侵瀆，是謂絶地天通。”對於“南正”“火正”“司天”“司地”“絶地天通”，學者各有不同的解釋，説明對這句話的含義理解尚不明確。《國語·鄭語》有“黎爲高辛居火正”，《史記·楚世家》有“重黎爲帝嚳高辛居火正”，所以在高辛氏、高陽氏時代，當設有名爲火正的天文官。關於“南正”，多有不同的説法。有人以爲，重所對應的，爲南爲天爲神，均爲陽性，與其相對應，黎所對應的，爲地爲民，爲陰性，僅火正之火不對應，故“火正”當爲“北正”之誤。又有人主張南正爲木正，木正、火正，均爲五正之一。今案，南正、北正之説，似與上古將一歲分爲陰陽兩個半年有關，將一歲分爲上下半年，即是所述“絶地天通”。陽爲天爲春夏，陰爲地爲秋冬。重黎又有一人或兩人不同的説法，若分爲兩人時，又有重司天、黎司地的説法。司天，負責白天觀測太陽的方位定季節；司地，負責夜晚觀測星星的方位定季節。正如《國語》引觀射父所言，所謂“重寔上天，黎寔下地”“屬神”“屬民”“絶地天通”等語，當爲司馬氏“寵神其祖以取威於民”的用語。

［3］【顔注】師古曰：三苗，國名，縉雲氏之後爲諸侯者，即饕餮也。二官，重、黎也。【今注】三苗：古部族名。與驩兜、共工、鯀合稱爲“四罪”。《尚書·舜典》：“竄三苗于三危。”孔傳：“三苗，國名，縉雲氏之後，爲諸侯，號饕餮。”《史記》卷一《五帝本紀》：“三苗在江淮、荆州數爲亂。”三苗祖居地有西北説，有長江以南説（參見侯哲安《三苗考》，《貴州民族研究》1979年第1期；郭偉川《古“三苗”新考——兼論“三苗”與南方諸族及楚國之關係》，《汕頭大學學報》2007年第2期）。　二官：指司天、司地的官職。

［4］【顔注】孟康曰：以歲之餘日爲閏，故曰閏餘。次，十

二次也。史推歷失閏，則斗建與月差錯也（差，大德本、殿本作“名”）。【今注】閏餘：一回歸年設十二個陰曆月餘下的日數。乖次：錯亂超過一個星次。

［5］【顏注】孟康曰：正月爲孟陬。歷紀廢絶，閏餘乖錯，不與正歲相值（值，大德本作“直”），謂之殄滅也。【今注】孟陬殄滅：孟陬對應於娵訾星次，即農曆正月。即設置錯亂之後，作爲歲首的正月，也就不稱其爲正月了。

［6］【顏注】孟康曰：攝提，星名，隨斗柄所指建十二月（柄，蔡琪本、大德本、殿本作“杓”），若歷誤，春三月當指辰而乃指巳，是爲失方也。【今注】攝提失方：古代以攝提星指示時節，言攝提失去了指示季節的作用。

［7］【今注】欽若昊天：順從廣大的天。

［8］【顏注】師古曰：此皆《虞書·堯典》之辭也。欽，敬；若，順也。昊天，言天氣廣大也。星，四方之中星也。辰，日月所會也。羲氏、和氏，重、黎之後，以其繼掌天地，故堯命之，使敬順昊天，歷象星辰之分節，敬記天時，以授下人也。匝四時凡三百六十六日，而定一歲。十二月，月三十日，正三百六十日，則餘六日矣。又除小月六日，是爲歲有餘十二日，未盈三歲，便得一月，則置閏焉，以定四時之氣節，成一歲之歷象，則能信理百官，衆功皆美也。【今注】允釐百官：適當治理百種職事。

［9］【顏注】師古曰：事見《論語·堯曰篇》（殿本無此注）。【今注】天之歷數在爾躬：按照天象治理曆法的責任就落在你身上了。

［10］【顏注】師古曰：訪箕子，謂滅殷之後（殿本無此注）。【今注】箕子：名胥餘。紂王叔父，一説爲紂庶兄。封子爵，國於箕。紂暴虐，箕子諫而不聽。箕子懼，披髮佯狂爲奴，爲紂所囚。周武王滅商，釋箕子。

［11］【今注】大法九章：即《尚書·洪範》所述九疇：五行、

五事、八政、五紀、皇極、三德、稽疑、庶徵、五福、六極。

［12］【顏注】孟康曰：歲月日星辰，是謂五紀也。師古曰：大法九章即洪範九疇也。其四曰協用五紀也。【今注】五紀明歷法：九章大法中的五紀，就是修明曆法。五紀，指歲、月、日、星、辰。

［13］【今注】創業改制：殷代和周代，都開創王業，改革制度。

［14］【今注】咸正歷紀：都修正曆法的綱紀。綱紀，指曆元、歲首等曆法的基本大綱。

［15］【今注】服色從之：新王朝所倡導的貴重吉利服色，也要隨着改朝换代而改變。

［16］【今注】三代：夏商周三代。　五伯：春秋時的齊桓公、晉文公、秦穆公、宋襄公、楚莊王。

［17］【顏注】李奇曰：同類之人俱明歷者也（殿本無“李奇曰同類之人俱明歷者也”十二字）。如淳曰：家業世世相傳爲疇。師古曰：如説是也（殿本無“師古曰如説是也”七字）。

［18］【今注】案，古六曆流傳於漢武帝太初改曆以前。

［19］【今注】皇暇：閑暇。皇，通“遑”。

［20］【顏注】孟康曰：五行相勝，秦以周爲火，用水勝之。【今注】五勝：戰國末期鄒衍等人倡導五行相生和五行相勝理論，分别爲：木生火、火生土、土生金、金生水、水生木和木勝土、土勝水、水勝火、火勝金、金勝木。終而復始，循環往復，並構造出五德終始的歷史循環論體系。

［21］【顏注】師古曰：獲水德，謂有黑龍之瑞。【今注】以十月爲正色上黑：根據五行與五色的對應理論，秦以十月爲歲首，十月爲冬季，對應於水，水對應的顔色爲黑色，故秦上黑。案，自以，蔡琪本、大德本、殿本作“自以爲”；上，大德本、殿本作“尚”。

漢興，方綱紀大基，[1]庶事草創，襲秦正朔。以北平侯張蒼言，[2]用《顓頊歷》，比於六歷，疏闊中最爲微近。然正朔服色，未覩其真，而朔晦月見，弦望滿虧，多非是。至武帝元封七年，漢興百二歲矣，大中大夫公孫卿、壺遂、大史令司馬遷等言"歷紀壞廢，宜改正朔"。[3]是時御史大夫兒寬明經術，[4]上迺詔寬曰："與博士共議，今宜何以爲正朔？服色何上？"寬與博士賜等議，皆曰："帝王必改正朔，易服色，所以明受命於天也。[5]創業變改，制不相復，[6]推傳序文，則今夏時也。[7]臣等聞學褊陋，[8]不能明。陛下躬聖發憤，昭配天地，[9]臣愚以爲三統之制，[10]後聖復前聖者，二代在前也。今二代之統絶而不序矣，唯陛下發聖德，宣考天地四時之極，[11]則順陰陽以定大明之制，[12]爲萬世則。"[13]

[1]【今注】綱紀大基：規劃基本制度。綱紀爲動詞，言漢興之時，剛剛處於規劃基本制度的草創階段。

[2]【今注】張蒼：傳見本書卷四二。

[3]【今注】大中大夫：即太中大夫。秦始置。侍從皇帝左右，掌顧問應對，參謀議政，奉詔出使，多以寵臣貴戚充任。秩比千石，無員額。大，蔡琪本作"太"。　大史令：大，蔡琪本、殿本作"太"。

[4]【顔注】師古曰：兒音五奚反。【今注】兒寬：傳見本書卷五八。

[5]【今注】所以明受命於天也：新帝即位，就應該要改革正朔，變换服色，這纔表明帝王是得到天帝任命的。

[6]【顔注】師古曰：復，重也，因也，音扶目反。次下

亦同。

［7］【今注】推傳序文則今夏時也：推究論述經典要旨的文章，現今當用夏時。夏時，指夏代的曆法，實即用夏正（即寅正）。

［8］【今注】案，聞，大德本、殿本作“問”。

［9］【顔注】師古曰：躬聖者，言身有聖德也。發憤，謂念正朔未定也。昭，明也。【今注】昭配天地：英明比得上天地。

［10］【今注】三統之制：董仲舒等提出了歷史循環理論，認爲天道終而復始，夏朝以建寅之月爲正月，稱爲人統（黑統），商朝以建丑之月爲正月，稱爲地統（白統），周朝以建子之月爲正月，稱爲天統（赤統）。漢朝繼承周朝興起（他們認爲秦曆時太短，算不上一個正統王朝），應當循環至人統，故改正朔，宜用夏曆，色尚黑。

［11］【今注】宣考天地四時之極：研究陰陽和四時的極點。

［12］【今注】順陰陽以定大明之制：順着陰陽二氣的變化，用以確定太陽、月亮運行位置的制度。大明，指太陽、月亮這兩個最明亮的天體。

［13］【今注】爲萬世則：爲萬世的法則。

於是迺詔御史曰：“迺者有司言曆未定，[1]廣延宣問，以考星度，未能讎也。[2]蓋聞古者黄帝合而不死，名察發斂，[3]定清濁，[4]起五部，[5]建氣物分數。[6]然則上矣。書缺樂弛，朕甚難之。[7]依違以惟，未能修明。[8]其以七年爲元年。[9]”遂詔卿、遂、遷與侍郎尊、大典星射姓等[10]議造《漢曆》。迺定東西，立晷儀，下漏刻，以追二十八宿相距於四方，舉終以定朔晦分至，躔離弦望。[11]迺以前曆上元泰初四千六百二十七歲，[12]至於元封七年，復得閼逢攝提格之歲，[13]

中冬[14]十一月甲子朔旦冬至，日月在建星，[15]太歲在子，[16]已得太初本星度新正。[17]

[1]【今注】迺者：從前，往日。

[2]【顏注】師古曰：讎，相當。【今注】未能讎：廣泛招攬人才，公開徵求意見，未能得到相應的結果。讎，相當。

[3]【今注】名察發斂：命令考察各個節氣太陽運行的行度和日期。名，通"命"，使。發斂，太陽往返運動。太陽沿黄道運動時，向南方移動爲發，向北方運動爲斂。

[4]【今注】定清濁：聲音有清音和濁音，無論五音還是十二律，都有由濁到清的變化過程。

[5]【今注】起五部：起動五行。五行即一歲中的五季，木主春，火主夏，土主季夏，金主秋，水主冬。

[6]【顏注】應劭曰：言黄帝造曆得仙，名節會，察寒暑，致啓分，發斂至，定清濁，起五部。五部，金、木、水、火、上也（上，蔡琪本、大德本、殿本作"土"，是）。建氣物分數，皆敘曆之意也。孟康曰：合，作也。黄帝作曆，曆終而復始，無窮已也，故曰不死。名春夏爲發，秋冬爲斂。清濁，謂律聲之清濁也。五部，謂五行也。天有四時，分爲五行也。氣，二十四氣也。物，萬物也。分，曆數之分也。晉灼曰：蔡邕《天文志》"渾天名察發斂，以行日月，以步五緯"。臣瓚曰：黄帝聖德，與神靈合契，升龍登仙，故曰合而不死。題名宿度，候察進退。《史記》曰"名察宿度"，謂三辰之度，吉凶之驗也。【今注】建氣物分數：建立節氣和物候在時間和空間上的界限，古代將一歲分爲二十四節氣，又將五天定爲一候，一歲七十二候，三候爲一氣。

[7]【顏注】師古曰：弛，廢也，音式爾反。【今注】書缺樂弛：缺少記載典章制度的典籍，樂律制度也被廢弛了。

[8]【顏注】師古曰：依違，不決之意也。惟，思也。【今

注】依違以惟：猶豫不決地思考。

［9］【顔注】李音曰（音，蔡琪本、大德本、殿本作“奇”，是）：改元封七年爲太初元年。

［10］【顔注】師古曰：姓射，名姓也。【今注】大典星射姓：大典星，爲執掌觀測星象的官名。典，執掌。射姓，姓射。由此可以看出，元封年間的改曆活動共分爲兩個階段，第一階段實際由司馬遷和射姓負責。觀天象、定節候，都是由射姓觀測確定的。

［11］【顔注】應劭曰：躔，俓也（俓，蔡琪本、大德本、殿本作“徑”）。離，遠也。臣瓚曰：案離，歷也，日月之所歷也。鄧展曰：日月踐歷度次。【今注】舉終以定朔晦分至躔離弦望：設立確定步終的時刻，也即確定冬至時刻，用以確定日躔冬夏至春秋分的季節，以及月離晦、朔、弦、望的日期和時刻。

［12］【今注】案，二，蔡琪本、大德本、殿本作“一”。

［13］【今注】復得閼逢攝提格之歲：司馬遷、落下閎和大典星射姓等編定的新曆載在《史記·曆書》，名曰甲寅元曆，或曰曆術甲子篇。閼逢攝提格，即甲寅歲。新曆將元封七年（前104）即太初元年定名爲甲寅歲與前後干支紀年不合，故未被人們所采用。以上所謂“四千六百二十七歲”“復得”云云，乃借用《三統曆》一元之數，没有實際意義。曆術甲子篇用的是古四分曆。

［14］【顔注】孟康曰：言復得者，上元泰初時亦是閼逢之歲。歲在甲曰閼逢，在寅曰攝提格，此爲甲寅之歲也。師古曰：中讀曰仲。

［15］【顔注】李奇曰：古以建星爲宿，今以牽牛爲宿。孟康曰：建星在牽牛間。晉灼曰：賈逵論太初歷冬至日在牽牛初者，牽牛中星也。古歷皆在建星。建星即斗星也。太初歷四分法在斗二十六度。史官舊法，冬夏至常不及太初歷五度。四分法在斗二十一度，與行事候法天度相應。

［16］【今注】日月在建星太歲在子：古曆以冬至點爲曆元，

該曆以建星爲冬至點，故曰日月在建星。建星在斗宿的東北，太初以前曾作爲二十八宿之一使用過。中國在使用干支紀年之前，曾使用歲星或太歲紀年。假設太歲與歲星反向運行，每年自東向西行一個星次，對應於十二辰。這裏所説的太歲在子，是説依據顓頊曆太歲紀年法此年正逢子歲。子爲十二辰之首，位在北方，適於作爲曆元的要求。曹相成《漢書今注》説“子爲寅的誤字”，此説不確。

［17］【今注】已得太初本星度新正：已得到太初新曆法的曆元，也即新的正朔。曆術甲子篇以冬至所在月爲正月，即子正。

姓等奏不能爲算，[1]願募治歷者，更造密度，各自增減，以造漢太初歷。迺選治歷鄧平及長樂司馬可、酒泉候宜君、侍郎尊及與民間治歷者，[2]凡二十餘人，方士唐都、巴郡落下閎與焉。[3]都分天部，[4]而閎運算轉歷。[5]其法以律起歷，曰：“律容一龠，積八十一寸，則一日之分也。[6]與長相終。律長九寸，百七十一分而終復。[7]三復而得甲子。[8]夫律陰陽九六，[9]爻象所從出也。故黄鐘紀元氣之謂律。律，法也，莫不取法焉。”與鄧平所治同。[10]於是皆觀新星度、日月行，[11]更以算推，如閎、平法。[12]法，一月之日二十九日八十一分日之四十三。先籍半日，名曰陽歷；不籍，名曰陰歷。[13]所謂陽歷者，先朔月生；[14]陰歷者，朔而後月迺生。[15]平曰：“陽歷朔皆先旦月生，以朝諸侯王群臣便。”[16]迺詔遷用鄧平所造八十一分律歷，罷廢尤疏遠者十七家，[17]復使校歷律昏明，[18]宦者淳于陵渠復覆大初歷晦朔弦望，皆最密，[19]日月如合璧，五星如連珠。[20]陵渠奏狀，[21]遂用鄧平歷，以平爲大史丞。[22]

［1］【顔注】師古曰：姓即射姓也。【今注】姓等奏不能爲算：射姓等上奏書説已編定的新曆不能就算。即直接參加測天工作的主要骨幹射姓等都認爲新編出的曆法不理想。

［2］【顔注】師古曰：可者司馬之名也。宜君亦候之名也。候，官號也。故曰東南一尉，西北一候。【今注】長樂司馬可：長樂宫的侍衛司馬可。長樂宫與未央宫、建章宫同爲漢代三宫。因其位於未央宫東，長安城内東南隅，又稱東宫。

［3］【顔注】晉灼曰：三人姓名也。《史記·歷書》"唐都分天部，而巴郡落下閎運算推歷"。師古曰：姓唐，名都，方術之士也。姓落下名閎，巴郡人也。都與閎凡二人，言三人，非也。與讀曰豫。【今注】巴郡：治江州（今重慶市北）。

［4］【顔注】孟康曰：謂分部二十八宿爲距度（距，蔡琪本作"之"）。【今注】都分天部：唐都測算劃分二十八宿的距離。

［5］【今注】閎運算轉歷：落下閎運轉渾天儀，觀測天象的分布和運行，推算曆法。

［6］【顔注】孟康曰：黄鍾律長九寸，圍九分，以圍乘長，得積八十一寸也。【今注】一日之分也：將黄鐘律管的容積81立方寸作爲一天的日分數。

［7］【顔注】師古曰：復音扶目反（殿本無此注）。

［8］【今注】案，"與長相終"至"三復而得甲子"是説，將一日的分數81與律管之長9寸相加，得171分，它的9倍1539，便是三統曆一統的循環歲數。經過三次循環，其冬至朔日又重新回復到甲子這一天。

［9］【今注】案，陽，蔡琪本作"陽陽"。

［10］【今注】案，"律法也"至"與鄧平所治同"是説音律，就是法則，其他事物無不效法它，所以這個數值與鄧平所治曆法的

數值相同。是説宇宙間萬物的規律是相通的。

［11］【今注】皆觀新星度日月行：都重新觀測太陽、月亮和行星的新行度和數據。

［12］【今注】更以算推如閎平法：再用落下閎和鄧平的曆法加以推算。

［13］【今注】案，“先藉半日”至“名曰陰歷”所述是西漢以前有借半日法的陰曆和陽曆之分。每個朔望月爲 29.53 日有餘。曆元起第一個月 29 天半有餘，若按陰曆計，爲 29 天；若按陽曆計，則再加半日，爲 30 日有餘，即曆元之第一個月爲大月。以後計算大小月均按加半日計算，稱之爲曆法計算中的借半日法。對西漢太初以後保留至今的曆日干支紀録進行驗算，《太初曆》没有使用借半日法，但其之前的顓頊曆則使用了借半日法。

［14］【今注】陽歷者先朔月生：如果實行了陽曆，朔日就將在合朔之前的一天。

［15］【今注】陰歷者朔而後月迺生：如果實行了陰曆，朔日就一定在合朔發生之日。

［16］【今注】陽歷朔皆先旦月生以朝諸侯王群臣便：如果用陽曆，朔日就發生在合朔之前，以便爲諸侯王和大臣的朝拜和祭祀活動提供方便。

［17］【今注】罷廢尤疏遠者十七家：罷廢了參與競争使用新曆的十七家。以上已説到參與治曆活動的有二十餘人，可見當時參與改曆活動競争之激烈。

［18］【今注】使校歷律昏明：命令校對驗證新曆的失誤和準確。

［19］【今注】官者淳于陵渠復覆大初歷晦朔弦望皆最密：是説經過宦官淳于陵渠審覈以後，得到參與競争新曆中的《太初曆》，在晦、朔、弦、望的時刻都最爲精密。覆，審查。案，大，蔡琪本、殿本作“太”。

［20］【顔注】孟康曰：謂大初上元甲子夜半朔旦冬至時

（大，蔡琪本、大德本、殿本作“太”），七曜皆會聚斗、牽牛分度，夜盡如合璧連珠也。師古曰：言其應候不差也。

［21］【今注】陵渠奏狀：依據陵渠所奏的情況。

［22］【今注】以平爲大史丞：用鄧平爲太史丞。太史丞爲太史令的副職。鄧平因曆法精良得以行用而立功，被封爲太史丞。案，大，蔡琪本、大德本、殿本作“太”。

後二十七年，元鳳三年，[1]大史令張壽王上書言：[2]“歷者天地之大紀，上帝所爲。[3]傳黄帝《調律歷》，漢元年以來用之。今陰陽不調，宜更歷之過也。”[4]詔下主歷使者鮮于妄人詰問，[5]壽王不服。妄人請與治歷大司農中丞麻光等二十餘人雜候日月晦朔弦望、八節二十四氣，鈞校諸歷用狀。[6]奏可。詔與丞相、御史、大將軍、右將軍史各一人雜候上林清臺，[7]課諸歷疏密，凡十一家。以元鳳三年十一月朔旦冬至，盡五年十二月，各有第。[8]壽王課疏遠。案漢元年不用黄帝《調歷》，壽王非漢歷，逆天道，非所宜言，大不敬。有詔勿劾。復候，盡六年。《大初歷》第一，即墨徐萬且、長安徐禹治《大初歷》亦第一。[9]壽王及待詔李信治黄帝《調歷》，[10]課皆疏闊，又言黄帝至元鳳三年六千餘歲。丞相屬寶、長安單安國、安陵桮育治《終始》，[11]言黄帝以來三千六百二十九歲，不與壽王合。壽王又移帝王録，舜、禹年歲不合人年。壽王言化益爲天子代禹，[12]驪山女亦爲天子，[13]在殷周閒，皆不合經術。壽王歷迺大史官《殷歷》也。壽王猥曰安得五家歷，[14]又妄言《大初歷》虧四分日之三，[15]去小餘七百五分，以故陰陽不調，謂之亂世。劾壽王吏八百石，古之大夫，[16]服儒衣，誦不詳之辭，作祆言欲亂制度，不道。奏可。壽王候課，比三年下，[17]終不服。再劾死，更赦勿劾，[18]遂不更言，誹謗益甚，竟以下吏。故歷本之驗在於天，[19]自漢歷初起，盡元鳳六年，三十六歲，而是非堅定。

［1］【今注】元鳳：漢昭帝年號（前80—前75）。

［2］【今注】案，大，蔡琪本、大德本、殿本作"太"，本段"大"，參校本多作"太"，下不出校。

［3］【今注】上帝所爲：有兩解，一是説曆法爲天神所爲，一般的凡人是不能創制的。二是説上古帝王所爲。但即使是天神所爲，也得通過聖人之手纔能辦成。故可理解爲上古聖王所爲。

［4］【顔注】師古曰：更，改也（殿本無此注）。

［5］【今注】詔下主歷使者鮮于妄人詰問：皇帝特派主管曆法的使臣責問。通常由侍御史擔任。鮮于妄人是使臣的姓名。

［6］【今注】鈎校諸歷用狀：普遍地測驗各種曆法的精密狀況。

［7］【今注】右將軍史：右將軍屬吏。右將軍，漢朝重號將軍之一。典掌禁兵，戍衛京師，或任征伐。與前、左、後將軍並爲上卿，次於大將軍、驃騎將軍、車騎將軍、衛將軍。　上林清臺：上林苑中的觀象臺。上林苑，在今陝西西安市西南鄠邑區、周至縣界，渭水以南、終南山以北。秦惠文王時即開始興建。至秦始皇時，先後在上林苑中修建了朝宫和阿房宫前殿等。西漢初荒廢，許民入墾荒。漢武帝收回，復加拓展，周圍擴至二百餘里。

［8］【今注】各有第：諸曆各有疏密的等級。

［9］【顔注】師古曰：且音子余反。【今注】案，這句話的含義是，皇家官辦機構太史院按太初曆推算的結果，與流傳於社會上

的推算結果，可能有微小的差别。這便是以上記載的兩家《太初曆》。

［10］【今注】待詔：指應皇帝徵召隨時待命，以備諮詢顧問。漢朝皇帝徵召才術之士至京，都待詔公車，其中特别優秀的待詔金馬門，備顧問應對，或奉詔而行某事。後遂演變爲官名，凡具一技之長而備諮詢顧問者，如太史、治曆、音律、本草、相工等皆置。

［11］【顔注】蘇林曰：桮音布回反。師古曰：姓桮，名育也。單音善。【今注】丞相屬寶：丞相的屬員名爲寶的人。　治終始：治理研究諸王在位的起迄年代。

［12］【顔注】師古曰：化益即伯益。【今注】化益：伯益。舜時掌山澤之官。

［13］【今注】驪山女亦爲天子：驪山女，即驪山老母，道教傳説中的仙女。

［14］【顔注】師古曰：猥，曲也。【今注】猥曰安得五家歷：狡辯説哪有五家曆。五家曆，古六曆中除黄帝曆以外的五種曆法。

［15］【今注】大初歷虧四分日之三：《太初曆》曆元的冬至時刻，比殷曆早四分之三日。這是太初改曆時測定的。張壽王祇承認黄帝曆正確，故言《太初曆》虧四分之三日。

［16］【今注】劾壽王吏八百石古之大夫：彈劾張壽王享受國家俸禄八百石的等級，相當於古代的大夫。

［17］【顔注】師古曰：比，頻也。下，下獄也，音胡稼反。

［18］【顔注】師古曰：更，經也，音工衡反。

［19］【今注】歷本之驗在於天：曆法精密與否的根本驗證在於天象。

至孝成世，劉向總六歷，[1]列是非，作《五紀論》。向子歆究其微眇，[2]作《三統歷》及《譜》以説《春秋》，推法密要，故述焉。[3]

［1］【今注】劉向：傳見本書卷三六。　總六歷：總合研究六種曆法。六曆，即上引六種古代曆法。

［2］【顏注】師古曰：眇，細也，音莫小反，又讀曰妙。他皆類此。【今注】歆：劉歆。事迹見本書卷三六《劉向傳》、卷九九《王莽傳》。　究其微眇：研究曆法中的微妙。

［3］【顏注】師古曰：自此以下，皆班氏所述劉歆之説也。【今注】故述焉：所以引述刊載如下。

夫歷《春秋》者，[1]天時也，列人事而固以天時。[2]《傳》曰：[3]"民受天地之中以生，[4]所謂命也。是故有禮誼動作威儀之則以定命也，[5]能者養以之福，不能者敗以取禍。"[6]故列十二公二百四十二年之事，以陰陽之中制其禮。故春爲陽中，萬物以生；秋爲陰中，萬物以成。是以事舉其中，禮取其和，歷數以閏正天地之中，[7]以作事厚生，[8]皆所以定命也。《易》金火相革之卦曰"湯武革命，順乎天而應乎人"，[9]又曰"治歷明時"，[10]所以和人道也。[11]

［1］【今注】歷春秋者：以歲時月日記載《春秋》的道理。

［2］【今注】列人事而固以天時：記載人事而依託於天時。案，固，蔡琪本、殿本作"因"，大德本作"目"。

［3］【今注】傳：指《左傳》。

［4］【顏注】師古（蔡琪本、大德本、殿本"古"後有"曰"字）：此《春秋左傳》周大夫劉康公之言也（春秋左傳，蔡琪本、大德本作"春秋左氏傳"；殿本無"周大夫"三字）。中謂中和之氣也。【今注】民受天地之中以生：陰陽和合，爲生命的本源，故曰人受到天地中和之氣而生。

［5］【今注】有禮誼動作威儀之則以定命也：有行動的禮義和威儀的規範，由此決定一個人的命運。即用以決定他的壽夭禍福。

［6］【顔注】師古曰：之，往也，往就福也。自此以上，皆劉康公辭。【今注】能者養以之福不能者敗以取禍：有才能的人就可以培養禮義威儀來得到幸福，没有才能的人就會敗壞禮義威儀而招致禍患。案，養以之福，蔡琪本作"養之以福"。

［7］【今注】歷數以閏正天地之中：曆法用設置閏月的辦法，來調整陰氣和陽氣使其適中，即用設置閏月的辦法來調整季節。

［8］【今注】作事厚生：用勤勞致富的辦法，來充裕人民的生活。

［9］【顔注】師古曰：《离》下《兑》上（离，殿本作"離"），故云金火相革。此《革卦》彖辭。【今注】湯武革命順乎天而應乎人：湯武變革天命，是順應天意和人意的。革命，即改朝换代。

［10］【顔注】師古曰：此《革卦》象辭。【今注】治歷明時：編定曆法，闡明歲時日月的變化。

［11］【今注】人道：人們的各種活動和做人的道理。

周道既衰，幽王既喪，天子不能班朔，[1]魯歷不正，以閏餘一之歲爲蔀首。[2]故《春秋》刺"十一月乙亥朔，日有食之"。於是辰在申，[3]而司歷以爲在建戌，史書建亥。哀十二年，亦以建申流火之月爲建亥，[4]而怪蟄蟲之不伏也。[5]自文公閏月不告朔，[6]至此百有餘年，莫能正歷數。故子貢欲去其餼羊，孔子愛其禮，[7]而著其法於《春秋》。經曰："冬十月朔，日有食之。"《傳》曰："不書日，[8]官失之也。天子有日官，[9]諸侯有日御，[10]日官居卿以厎日，禮也。[11]日御不失日以授百官於朝。”言告朔也。[12]元典歷始曰元。[13]《傳》曰：“元，善之長也。”[14]共養三德爲善。[15]又曰：“元，體之長也。”[16]合三體而爲之原，[17]故曰元。於春三月，每月書王，元之三統也。三統合於一元，故因元一而九三之以爲法，[18]十一三之以爲實。[19]實如法得一。[20]黄鐘初九，律之首，陽之變也。[21]因而六之，以九爲法，得林鐘[22]初六，吕之首，陰之變也。[23]皆參天兩地之法也。[24]上生六而倍之，下生六而損之，皆以九爲法。[25]九六陰陽，夫婦、子母之道也。[26]律娶妻[27]而吕生子，[28]天地之情也。[29]六律六吕，而十二辰立矣。五聲清濁，而十日行矣。[30]《傳》曰“天六地五”，數之常也。天有六氣，[31]降生五味。[32]夫五六者，天地之中合，[33]而民所受以生也。故日有六甲，辰有五子，[34]十一而天地之道畢，言終而復始。大極中央元氣，[35]故爲黄鐘，其實一龠，以其長自乘，故八十一爲日法，所以生權衡度量，禮樂之所繇出也。[36]經元一以統始，《易》太極之首也。《春秋》二㠯目歲，[37]《易》兩儀之中也。[38]於春每月書王，《易》三極之統也。[39]於四時雖亡事必書時月，《易》四象之節也。[40]時月以建分、至、啓、閉之分，《易》八卦之位也。[41]象事成敗，《易》吉凶之效也。朝聘會盟，《易》大業之本也。故《易》與《春秋》，天人之道也。《傳》曰：“龜，象也。筮，數也。物生而後有象，象而後有滋，滋而後有數。”[42]

［1］【今注】天子不能班朔：古代帝王每年冬季前，都要把明年十二個月的朔日和每月將進行的政務、農業生產活動頒布出來，將在全國，也包括各諸侯國内遵照執行。不能班朔即各諸侯國都不聽從其頒布的正朔，各行其是。班，通“頒”。

［2］【顔注】孟康曰：當以閏盡歲爲蔀首，今失正，未盡一歲便以爲蔀首也。蔀師古曰：音剖（蔀師古曰音剖，蔡琪本、大德本、殿本作“師古曰蔀音剖”，是），又音部。【今注】魯歷不正以閏餘一之歲爲蔀首：《四分曆》以十九年爲一章，四章七十六年爲一蔀，二十蔀一千五百二十年爲一紀，三紀四千五百六十年爲元。經過一章，冬至日與朔日又回到同一天，但不在同一時刻；經過一蔀，冬至時刻與合朔時刻相遇於同日的同一時刻，但並不在前一蔀的干支日；經過一紀，則連同干支日名也相同。歲名干支復原名爲元。一般的曆法都設蔀首閏餘爲0，魯曆的蔀首却有閏餘1，所以説魯曆不正。其實，一部曆法的精密於否，並不在曆元時有無閏餘，而在於天體的位置和基本天文數據是否測定得準確，故《後漢書·律曆志下》：“歲首，至也；月首，朔也；至朔同日謂之章；同在日首謂之蔀；蔀終六旬謂之紀，歲朔又復謂之元。”

［3］【顔注】孟康曰：辰謂斗建。臣瓚曰：日月之會爲辰。師古曰：事在襄二十七年。

［4］【顔注】張晏曰：周之十二月，夏之十月也。再失閏，當爲八月建酉，而云建申，誤也。仲尼曰：“火猶西流，司歷過也。”劉歆徒以詩“七月流火”爲喻，不知八月火猶西流也。【今注】案，“故春秋”至“建亥在申”意爲，所以《春秋傳》批評説：“周曆十一月乙亥朔，日有食之。”這條記載，該月斗建在申（周曆九月），而主管曆法的官員認爲在建戌（周曆十月），史書記載則在建亥（周曆十一月）。故《春秋傳》説：“司曆過也，再失閏矣。”即日食本當發生在周曆申月（九月），現記爲十一月，失閏兩次。

［5］【今注】案，自“哀十二年”至“而怪蟄蟲之不伏也”是説《春秋經》哀公十二年記載了十二月蟄蟲不伏。《春秋傳》引孔子曰：“丘聞之，火伏而後蟄者畢，今火猶西流，司曆過也。”是説火流之月當爲建申之月，而史書則載爲建亥之月，人們衹奇怪到了周曆十二月了，蟄蟲爲什麽還不蟄伏，而没有懷疑到曆法的失閏，這應該是兩次失閏的過失。

［6］【今注】告朔：帝王於朔日在明堂或太廟舉行祭祀，報告朔日並公布本月當處理的政事。

［7］【顔注】師古曰：餼，生牲也。禮，人君每月告朔於廟，有祭事，故用牲。子貢見其禮廢而欲去其羊，孔子曰：“賜也，汝愛其羊，我愛其禮。”事見《論語》。【今注】餼（xì）羊：供祭祀用的活羊。

［8］【今注】不書日：不記載日期干支。

［9］【今注】日官：主管曆法的官員。

［10］【今注】日御：頒布和執行曆書的官員。

［11］【顔注】蘇林曰：厎，致也。師古曰：音之履反。【今注】日官居卿以厎（zhǐ）日：日官處於可以與六卿相當的位置而平準曆法。厎日，平準曆法。

［12］【顔注】師古曰：劉家本有此語。

［13］【今注】元典歷始曰元：最初標志曆法起點的稱爲元。

［14］【今注】傳曰元善之長也：語見《易·乾卦·文言》。

［15］【顔注】孟康曰：謂三統之微氣也，當施育萬物，故謂之德。師古曰：共讀曰供。【今注】共養：培育，供養。　三德：指天道、地道、人道，是説供養化育萬物的功能爲善行。

［16］【今注】元體之長：元，是人體的最高部位，即頭。

［17］【今注】合三體而爲之原：將頭、手、足三體合起來稱爲根本和主體。

［18］【顔注】孟康曰：辰有十二，其三爲天地人之統。老子

曰“三生萬物”，是以餘九。辰得三氣，乃能施化。故每辰者，以三統之數乘之，是謂九三之法，得積萬九千六百八十三。【今注】因元一而九三之以爲法：把一作爲基數，用九個三去連乘，得數爲19683，作爲除數。

［19］【顔注】孟康曰：以子數一乘丑三，餘次辰，亦每三乘之，周十一辰，得十七萬七千一百四十七。【今注】十一三之以爲實：以一爲基數，用十一個三去連乘，得數177147，作爲被除數。

［20］【今注】實如法得一：被除數等於除數，得數爲一。

［21］【今注】黄鐘初九律之首陽之變也：用上述法數去除實數即得九，合乎黄鐘之數，爲六律之首，初九又爲陽數變化的起點。

［22］【顔注】孟康曰：以六乘黄鍾之九，得五十四。

［23］【今注】案，“因而六之”至“陰之變也”：將九乘以六，得五十四，再將九爲法相除，便得到六，合於林鐘之數，林鐘爲六吕之首，陰數變化的起點。

［24］【顔注】孟康曰：三三而九，二三而六，參兩之義也。【今注】參天兩地之法：天數三，三三得九，合乎黄鐘；地數二，二三得六，合乎林鐘。

［25］【今注】上生六而倍之下生六而損之皆以九爲法：黄鐘下生，以九爲基數，乘以六，除以九，便得林鐘六；林鐘上生，以六爲基數，乘以六，再乘以二，除以九，便得太族八。黄鐘、林鐘、太族這些數據，都是從九爲始求得的。

［26］【顔注】孟康曰：異類爲子母，謂黄鐘生林鐘也。同類爲夫婦，謂黄鐘以大吕爲妻也。【今注】九六陰陽夫婦子母之道：初九、初六等，陰律、陽律相生，是夫妻母子的關係。

［27］【顔注】如淳曰：黄鐘生林鐘。

［28］【顔注】如淳曰：林鐘生大族（大，蔡琪本、大德本、殿本作“太”）。

[29]【今注】律娶妻而吕生子天地之情也：陽律下生陰律，爲夫婦關係，即是所謂律娶妻；陰律上生陽律，爲母子關係，即是所謂吕生子。這是天地的本性。

[30]【顏注】李奇曰：聲一清一濁，合爲二，五聲凡十，合於十日，從甲至癸也。孟康曰：謂東方甲乙、南方丙丁之屬，分在五方，故五聲屬焉。【今注】案，“六律六吕”至“而十日行矣”意爲，六陽律和六陰律對應於十二辰，其相應關係如以上所述。五聲配十日，其對應關係爲：戊己宫、庚辛商、甲乙角、丙丁徵、壬癸羽。

[31]【顏注】張晏曰：六氣，陰、陽、風、雨、晦、明也。

[32]【顏注】孟康曰：《月令》五方之味，酸鹹是也。

[33]【顏注】孟康曰：天陽數奇，一三五七九，五在其中。地陰數耦，二四六八十，六在其中。故曰天地之中合。

[34]【顏注】孟康曰：六甲之中唯甲寅無子，故有五子。【今注】案，“天六地五”至“辰有五子”所述即下文所曰六甲五子，爲六十干支中的十一個干支。天干爲陽數，故六甲爲六天干，地支爲陰數，故五子爲五地數。天六的六甲爲：甲子、甲戌、甲申、甲午、甲辰、甲寅；地五的五子爲甲子、丙子、戊子、庚子、壬子。

[35]【今注】案，大，殿本作“太”。

[36]【顏注】師古曰：繇讀與由同（殿本無此注）。

[37]【顏注】鄧展曰：春秋則爲二矣。孟康曰：春爲陽中，萬物以生；秋爲陰中，萬物以成。舉春秋以目一歲。【今注】春秋二㠯目歲：將春秋二季看作一歲。目，作爲，看作。案，㠯，殿本作“以”，同。下不出校。

[38]【今注】兩儀：指天和地。

[39]【今注】三極：指天、地、人的準則。

[40]【今注】四象：《周易》中的四個部分，對應於四季，也

對應於星空中的黄道帶的四個動物星象。

［41］【顔注】張晏曰：二至、二分、立春、立夏、立秋、立冬。【今注】分至啓閉：指八個主要節氣，分爲春分、秋分；至爲冬至、夏至；啓爲立春、立夏；閉爲立秋、立冬。

［42］【顔注】師古曰：《左氏傳》載韓簡之言也。物生則有象，有象而滋益，滋益乃數起。龜以象告吉凶，筮以數示禍福。【今注】案，"傳曰"至"滋而後有數"之意爲《左傳》僖公十五年韓簡説："用龜甲占卜，吉凶顯示在兆象上；用蓍草占卜，吉凶顯示在數目上。動物長出以後纔會有形象，有了形體以後纔會增加新的個體，新個體增加了纔會有數目的觀念。" 龜卜，用火燒龜甲顯示裂紋預示吉凶。筮卜，據揲蓍餘數的奇偶，來決定陰爻還是陽爻。

是故元始有象一也，[1]春秋二也，三統三也，四時四也，合而爲十，[2]成五體。[3]㠯五乘十，大衍之數也，而道據其一，[4]其餘四十九，所當用也，故蓍。[5]㠯象兩兩之，又以象三三之，又㠯象四四之，又歸奇象閏十九[6]及所據一加之，因㠯再扐兩之，[7]是爲月法之實。[8]如日法得一，則一月之日數也。而三辰之會交矣，是㠯能生吉凶。[9]故《易》曰："天一地二，天三地四，天五地六，天七地八，天九地十。天數五，地數五，五位相得而各有合。天數二十有五，地數三十，凡天地之數五十有五，此所以成變化而行鬼神也。"[10]并終數爲十九，《易》窮則變，故爲閏法。[11]參天九，兩地十，是爲會數。[12]參天數二十五，兩地數三十，是爲朔，望之會。[13]㠯會數乘之，則周於朔旦冬至，是爲會月。[14]九會而復元，[15]黄鐘初九之數也。[16]經於四時，雖亡事必書時月。時所㠯記啓閉也，月所以紀分至也。啓閉者，節也。分至者，中也。[17]節不必在其月，故時中必在正數之月。[18]故《傳》曰："先王之正時也，履端於始，舉正於中，歸餘於終。履端於始，序則不愆；舉正於中，民則不惑；歸餘於終，事則不誖。"[19]此聖王之重閏也。㠯五位乘會數，[20]而朔旦冬至，是爲章月。四分月法，爲周至是乘月法㠯其一乘章月，是爲中法。[21]參分閏法爲周至，[22]㠯乘月法，㠯減中法而約之，則六扐之數，爲一月之閏法，[23]其餘七分，此中朔相求之術也。[24]朔不得中，是謂閏月，[25]言陰陽雖交，不得中不生。故日法乘閏法，是爲統歲。[26]三統，是爲元歲。元歲之閏，陰陽災，三統閏法。[27]

［1］【今注】元始有象一：宇宙間原始的形象是一片混沌的統一體。

［2］【今注】合而爲十：指以上一、二、三、四這四個數加起來爲十。

［3］【今注】成五體：指以上一、二、三、四、十這五個數。

［4］【今注】道據其一：用蓍草占卜時，先從五十根蓍草中取出一根，這一根就代表道。

［5］【今注】故蓍：所以，卜筮時以四十九爲所用之數。案，蔡琪本、大德本、殿本"故蓍"後有"以爲數"三字。蓍，殿本作"筮"。

［6］【顔注】孟康曰：歲有閏分七，分滿十九，則爲閏也。師古曰：奇音居宜反。

［7］【顔注】師古曰：扐音勒。

［8］【今注】案，自“巨象兩兩之”至“月法之實”是説以春秋二季的二去乘它（指四十九），再用三統的三去乘它，再以四季的四去乘它，再將設置閏月的周期十九，和象徵道的一加上去，再用二次扐蓍的二去乘它，得數就是月法的實。用朔日法（八十一）去除它，得數便是一個朔望月的日數。歸奇象閏，標志設置閏月的周期。再扐，揲蓍的第二步是把四十九根蓍草分爲兩束，每四根一數，然後將剩餘的蓍草分别挾在手指中間，叫作扐。用算式表示如下：$(49\times2\times3\times4+49+1)\times2\div81=2392\div81=29\frac{43}{81}$。

［9］【顔注】孟康曰：三辰，日月星也。軌道相錯，故有交會。交會即陰陽有干陵勝負，故生吉凶也。【今注】三辰之會交：日月星三辰的運行相交會。

［10］【顔注】師古曰：皆《上繫》之辭。【今注】案，語出《易・繫辭上》。自一至十的十個數中，單數爲天數，雙數爲地數，五個天數相加得二十五，五個地數相加得三十，合計爲五十五。五位相得而各有合，五行之位，按如下方式配合：甲乾乙坤、相得合木；丙艮丁兑，相得合火；戊坎己離，相得合土；庚震辛巽，相得合金；天壬地癸，相得合水。行鬼神，鬼神的行動，要憑借陰陽奇偶的配合和變化。

［11］【顔注】孟康曰：天終數九，地終數十。窮，終也，言閏亦日之窮餘，故取二終之數以爲義（二，蔡琪本作“三”）。【今注】并終數爲十九易窮則變故爲閏法：將天數和地數的終數九和十合併爲十九，這就是《周易》所説的事物發展到窮盡就要産生變化，所以定爲閏法。

［12］【今注】參天九兩地十是爲會數：以三乘天數九，以二乘地數十，相加得會數。用算式表示如下：$3\times9+2\times10=47$。

［13］【今注】參天數二十五兩地數三十是爲朔望之會：三乘天數和二十五，兩乘地數和三十，相加得一百三十五個月，這便是日月交會的小周期。即以一百三十五個月有二十三次交食的周期。

［14］【顔注】孟康曰：會月，二十七章之月數也，得朔旦冬至日與歲復。【今注】巳會數乘之則周於朔旦冬至是爲會月：以會數四十九乘朔望之會一百三十五，得六千三百四十五月，這便是日月交會的大周期。經過這個大周期，即五百一十三年的循環之後，冬至又回到合朔之日，没有餘分。這個周期，即爲二十七章。

［15］【顔注】孟康曰：謂四千六百一十七歲之月數也，所謂元月。

［16］【今注】九會而復元黄鐘初九之數：以會月的年數五百一十三乘以九，便得四千六百一十七歲，這便是《三統曆》一元的歲數，曆日天象又回復到原處。九這個數，便是黄鐘初九之數。

［17］【今注】啓閉者節也分至者中也：立春、立夏、立秋、立冬爲節氣，春分、秋分、夏至、冬至爲中氣。

［18］【今注】節不必在其月故時中必在正數之月：節氣對應於月首，它可以在本月或前一個月中變動，故而不一定在這個月内，而中氣對應於月中，它一定在這個月之内。

［19］【顔注】師古曰：自此以上，《左氏傳》之辭也。履端於始，謂步歷之始，以爲術之端首也。舉正於中，謂分一朞爲十二月，舉中氣以正月也。歸餘於終，謂有餘日，則歸終（蔡琪本、大德本、殿本“終”前有“於”字），積而成閏也。誖，乖也，音布内反。【今注】案，自“故傳曰”至“事則不誖”語見《左傳》文公元年，是説春秋以前的先王在制訂曆法時，先將三辰的運行和年月日時的起點歸於同一時刻，這樣時序就不會發生錯誤；將中氣歸在所在月的中間，這樣人民就不會感到迷惑；將閏月置於歲終，這樣辦起事來就不會發生悖亂。

［20］【今注】巳五位乘會數：以五乘會數四十七，便得章之月數二百三十五。

［21］【今注】案，“四分月法”至“是爲中法”是用四除以月法二千三百九十二，再乘章月二百三十五，便得中法十四萬零五百

三十。案，“爲周至是乘月法”七字殿本無，大德本“是”作“目”。

［22］【今注】參分閏法爲周至：以三乘閏法十九，得五十七，稱爲冬至合朔爲同一日的周期。案，大德本、殿本無“分”字。

［23］【今注】案，法，蔡琪本作“月”。

［24］【今注】此中朔相求之術：這就是中氣和合朔互相推求的方法。

［25］【今注】案，謂，大德本、殿本作“爲”。

［26］【今注】日法乘閏法是爲統歲：日法八十一乘以閏法十九，得一千五百三十九，這便是一統的歲數。

［27］【今注】元歲之閏陰陽災三統閏法：一元周期中，出現陰陽水旱災害的年數，等於三倍於閏周之數五十七年。

《易》九戹曰：“初入元，百六，陽九；次三百七十四，陰九；[1]次四百八十，陽九；[2]次七百二十，陰七；[3]次七百二十，陽七；[4]次六百，陰五；次六百，陽五；[5]次四百八十，陰三；次四百八十，陽三。[6]凡四千六百一十七歲，與一元終。經歲四千五百六十，災歲五十七。”[7]是目《春秋》曰：“舉正於中。”又曰：“閏月不告朔，非禮也。閏以正時，時以作事，事以厚生，[8]生民之道於是乎在矣。不告閏朔，棄時正也，何以爲民？”[9]故善僖“五年春，[10]王正月辛亥朔，日南至，公既視朔，[11]遂登觀臺以望，[12]而書，禮也。凡分至啓閉，必書雲物，[13]爲備故也。”[14]至昭二十年二月己丑，日南至，失閏，至在非其月。[15]梓慎望氛氣而弗正，不履端於始也。故《傳》不曰冬至，而曰日南至。[16]極於牽牛之初，[17]日中之時景最長，以此知其南至也。斗綱之端連貫營室，織女之紀指牽牛之初，以紀日月，故曰星紀。[18]五星起其初，日月起其中，[19]凡十二次。[20]日至其初爲節，至其中。[21]斗建下爲十二辰。視其建而知其次。[22]故曰"制禮上物，[23]不過十二，天之大數也"。

[1]【顔注】孟康曰：《易傳》也。所謂陽九之戹，百六之會者也。初入元百六歲有戹者，則前元之餘氣也，若餘分爲閏也。易爻有九六七八，百六與三百七十四，六乘八之數也，六八四十八，合爲四百八十歲也。

[2]【顔注】孟康曰：亦六乘八之數也，於易爻六有變，故再數也。如淳曰：六八四十八，爲四百八十歲，有九年旱。

[3]【顔注】孟康曰：亦九乘八之數也。八九七十二，爲七百二十歲。

[4]【顔注】孟康曰：亦九乘八之數也。於易爻九變，故再數也。如淳曰：八十歲紀一甲子冬至。以八乘九，八九七十二，故七百二十歲，乃有災也。

[5]【顔注】孟康曰：七八爻乘八之數也。七乘八得五百六十歲，八乘八得六百四十歲，合千二百歲也。於易爻七八不變，氣不通，故合而數之，各得六百歲也。如淳曰：爻有七八，八八六十四，七八五十六，二爻之數，合千二百。滿純陰七八不變，故通其氣，使各六百歲，乃有災。

[6]【顔注】孟康曰：此六乘八之數也。六既有變，又陰爻也，陽奇陰偶，故九再數，而六四數，七八不變，又無偶，各一數。一元之中，有五陽四陰，陽旱陰水，九七五三，皆陽數也，故曰陽九之戹。如淳曰：九六者，陽奇陰偶。偶，故重出，覆取上六八四十八，故同四百八十歲。正以九七五三爲災者，從天奇

數也。《易》天之數曰："立天之道，曰陰與陽。"繫天故取其奇爲災歲數。八十歲則甲子冬至，一甲子六十日，一歲三百六十日，八十歲，得四百八十甲子又五日。五八四十，爲四十日又四分日之一（十，蔡琪本、大德本、殿本作"百"）。八十歲有八十分(蔡琪本"八十歲"前有"得"字)，八十分爲二十日，凡四百八十日，得七十甲子。八十歲合四百八十七甲子，餘分皆盡，故八十歲則一甲子冬至也。

［7］【顔注】孟康曰：經歲，從百六終陽三也，得災歲五十七，合爲一元，四千六百一十七歲【今注】案，自"易九戹曰"至"災歲五十七"引自《易緯九戹讖》。九戹，是一元中九個階段的水旱災害周期。合計爲四千五百六十歲，共有災害五十七次。

［8］【顔注】師古曰：言四時漸差，則置閏以正之，因順時而命事，事得其序，則年穀豐孰（孰，蔡琪本、大德本、殿本作"熟"）。

［9］【顔注】師古曰：自此以上（上，蔡琪本作"下"），皆《左氏傳》之辭也。爲，治也。【今注】案，"是旨春秋曰"至"何以爲民"出自《左傳》文公五年。何以爲民，怎能治理人民。

［10］【今注】善僖五年：所以，稱讚僖公五年説。案，善，殿本作"魯"。

［11］【今注】視朔：親臨觀臺舉行告朔儀式。

［12］【今注】觀臺：瞭望臺。

［13］【今注】書雲物：記載觀察雲氣物色，爲占卜做好準備。

［14］【今注】爲備：爲預防災害做準備。

［15］【今注】至在非其月：《左傳》載昭公二十年二月日南至，而周代使用周正，冬至當在正月，故曰"至在非其月"，即冬至不在期。

［16］【今注】案，"梓慎望氛氣而弗正"至"而曰日南至"是説梓慎衹觀望雲氣，没有調整閏月。正是由於不合於履端於始的法

則，使冬至出現在二月，所以，史書衹寫日南至，而不寫冬至。

［17］【今注】極於牽牛之初：太陽運行到牽牛之初度這個極點，這時日中的日影最長。

［18］【今注】案，“斗綱之端”至“故曰星紀”是説斗宿、牛宿、織女在星紀宫。星象綱要的一端連着營室，織女星的稱記指向牽牛之初，從這裏開始記載日月星的運行，所以這個星次稱爲星紀。

［19］【今注】五星起其初日月起其中：五星運行的起點，始於星紀初度，太陽、月亮運行的起點，始於星紀的中點。

［20］【今注】凡十二次：五星和日月在黄道上運行的途中共分爲十二個星次。

［21］【今注】日至其初爲節至其中：太陽運行到十二次的初界爲節氣，到十二次的中點爲中氣。“至其中”後少“爲中”二字，當補上。

［22］【今注】斗建下爲十二辰視其建而知其次：每個月傍晚時北斗斗柄下指的方向，將其定名爲十二辰，稱爲斗建。這樣，衹需在傍晚時觀看斗柄指示的方位，就可以知道該月太陽所在的星次。

［23］【今注】制禮上物：制訂禮節的制度，上供獻出犧牲。這是周代的禮制，當周王舉行儀式時，集體宴享諸侯，禮牲用十二牢（牛、羊、豬一套稱爲一牢）。

《經》曰：春王正月，《傳》曰：周正月。[1]“火出，於夏爲三月，商爲四月，周爲五月。夏數得天”。[2]得四時之正也。[3]三代各據一統，明三統常合，而迭爲首，[4]登降三統之首，周還五行之道也。[5]故三五相包而生。[6]天統之正，始施於子半，[7]日萌色赤。地統受之於丑初，日肇化而黄，至丑半，日牙化而白。

人統受之於寅初，日孽成而黑，至寅半，日生成而青。[8]天施復於子，地化自丑畢於辰，[9]人生自寅成於申。[10]故歷數三統，天以甲子，[11]地以甲辰，[12]人以甲申。[13]孟仲季迭用事爲統首。[14]三微之統既著，[15]而五行自青始，其序亦如之。[16]五行與三統相錯。《傳》曰"天有三辰，[17]地有五行"，然則三統五星可知也。《易》曰："參五以變，錯綜其數。通其變，遂成天下之文；極其數，遂定天下之象。"[18]大極運三辰五星於上。[19]而元氣轉三統五行於下。其於人，皇極統三德五事。[20]故三辰之合於三統也，日合於天統，月合於地統，斗合於人統。五星之合於五行，水合於辰星，火合於熒惑星，[21]金合於太白，木合於歲星，土合於鎮星。三辰五星而相經緯也。

［1］【今注】經曰春王正月傳曰周正月：《春秋經》記載説："春王正月。"《左傳》解釋説："是周正的正月。"與下文的火出某月，没有文法上的聯繫。

［2］【顔注】師古曰：自此以上，《左傳》之辭。【今注】案，自"火出"至"夏數得天"之意爲，大火星傍晚時從東方出現，對於夏正在三月，對於殷正爲四月，對於周正爲五月。語出《左傳》昭公十七年。

［3］【今注】夏數得天得四時之正也：夏正符合天文氣象季節的變化，得到四季正常的位置。前句是引用《左傳》的記載，後句爲劉歆對經文的解釋。

［4］【顔注】師古曰：迭，互也，音大結反。此下亦同。

［5］【顔注】師古曰：還讀曰旋。【今注】案，"三代各據一統"至"周還五行之道也"之意爲，夏商周三代各爲一統，即夏

爲夏統，殷爲殷統，周爲周統。表明三統是一致的。它們相繼更迭作爲歲首，升降作爲三統的首位，循環輪流作爲五行的道理。

［6］【今注】三五相包而生：三正和五行循環孕育而生。

［7］【顔注】蘇林曰：子之西，亥之東，其中間也。或曰於子半曰地統，受於丑初。臣瓚曰：謂分十二辰，各有上中下，言半，謂在中也，又受於寅初，此謂上也。

［8］【今注】案，自“天統之正”至“日生成而青”是説天統的曆元爲夜半子正，地統的曆元爲丑初雞鳴，人統的曆元在寅初黎明。

［9］【顔注】如淳曰：地以十二月生萬物，三月乃畢。

［10］【顔注】如淳曰：人功自正月至七月乃畢。【今注】案，“天施復於子”至“人生自寅成於申”是説天統的作用就在子月完成，地統的作用是從丑月化育至辰月完成，人統生自寅月而完成於申月。

［11］【顔注】李奇曰：夏正月朔日。

［12］【顔注】韋昭曰：殷正月朔日。

［13］【顔注】李奇曰：周正月朔日。

［14］【今注】案，自“歷數三統”至“孟仲季迭用事爲統首”之意爲，《三統曆》天統以甲子爲首，地統以甲辰爲首，人統以甲申爲首。孟、仲、季三統相繼爲統首。故甲子爲孟統，甲辰爲仲統，甲申爲季統。

［15］【今注】三微之統：夏殷周三正之時在冬季，這時萬物潛藏，微而不著，故三正又稱三微。

［16］【今注】五行自青始其序亦如之：五行自木始，對應於春季，爲青色，它的順序也依次對應於夏、火、紅色，季夏、土、黄色，秋、金、白色，冬、水、黑色。

［17］【今注】三辰：日月星稱之爲三辰。

［18］【顔注】師古曰：《易·上繫》之辭。【今注】案，自

“易曰”至“遂定天下之象”所述是，三辰和五行發生運動變化，其數字就複雜了。貫通這些變化，就成爲天上星象的紋理，地上萬物的形象。

［19］【今注】案，大，蔡琪本、大德本、殿本作“太”。

［20］【今注】皇極統三德五事：古代帝皇所標榜的施行政教的最高準則爲統率三德五事。三德爲正直、剛克、柔克。五事爲貌、言、視、聽、思。

［21］【今注】案，蔡琪本、大德本、殿本無“星”字。

天以一生水，地以二生火，天以三生木，地以四生金，天以五生土。[1]五勝相乘，以生小周，以乘《乾》《坤》之策，而成大周。[2]陰陽比類，交錯相成，故九六之變登降於六體。[3]三微而成著，三著而成象，二象十有八變而成卦，四營而成易，爲七十二，參三統兩四時相乘之數也。[4]參之則得《乾》之策，兩之則得《坤》之策。[5]以陽九九之，爲六百四十八，以陰六六之，爲四百三十二，凡一千八十，陰陽各一卦之微算策也。[6]八之，爲八千六百四十，而八卦小成。引而信之，[7]又八之，爲六萬九千一百二十，天地再之，爲十三萬八千二百四十，然後大成，[8]五星會終。[9]觸類而長之，[10]以乘章歲，爲二百六十二萬六千五百六十，而與日月會。[11]三會爲七百八十七萬九千六百八十，而與三統會。三統二千三百六十三萬九千四十，而復於大極上元。[12]九章歲而六之爲法，大極上元爲實，實如法得一陰一陽，各萬一千五百二十，[13]當萬物氣體之數，天下之能事畢矣。[14]

［1］【今注】案，“天以一生水”至“天以五生土”爲《河圖》之文。

［2］【今注】案，“五勝相乘”至“而成大周”是説五星的小周期和大周期之數，符合五勝相乘，得小周，及小周與乾坤之策數相乘，得大周之規律。五星之名木火土金水，與五勝之名木勝土、土勝水、水勝火、火勝金、金勝木相對應。乾卦六陽爻，爲二百一十六策，坤卦六陰爻，爲一百四十四策。

［3］【今注】九六之變登降於六體：陽九與陰六的變化，而升降於六體之間。六體，指每卦中六爻的位置，分别爲初九、九二、九三、九四、九五、上九。

［4］【今注】案，自“三微而成著”至“相乘之數也”是説，三微之數與三著之數相乘，再與陰陽二爻之數相乘，得到十八變而成卦，再與四營之數相乘而得七十二，它相當於以三乘三統之數，再與二倍的四時之數相乘的結果。二象，指陰爻、陽爻。十有八變，一爻有三變，一卦六爻，凡十八變。四營而易成，指揲蓍的全過程要經過四次。這些都是附會之詞。

［5］【顔注】蘇林曰：策，數也。【今注】參之則得乾之策兩之則得坤之策：七十二的三倍，得二百一十六，爲乾之策；七十二的兩倍，得一百四十四，爲坤之策。

［6］【今注】案，自“以陽九九之”至“微算策”之意爲，以七十二乘陽數九，得到六百四十八；以陰六數乘七十二，得到四百三十二，合計爲一千零八十，爲陰陽各一卦的微算之策數。

［7］【顔注】師古曰：信讀曰伸。【今注】引而信之：引而伸之。

［8］【今注】案，自“又八之”至“然後大成”是説將陰陽各一卦的微算之策數一千零八十，乘八爲八卦的小成，再乘八乘二，爲十三萬八千二百四十，爲大成之數。

［9］【今注】五星會終：爲五星聚會於同一天區的周期。

［10］【今注】觸類而長之：用類似的方法推之。

［11］【今注】案，自“以乘章歲”至“而與日月會”是説將大成之數十三萬八千二百四十與章歲十九乘，得二百六十二萬六千五百六十。爲五星與日月具會之歲數。

［12］【今注】而復於大極上元：經過三會、三統二千三百六十三萬九千四十年的大周期之後，日月五星都回復到日月如合璧、五星如連珠的同一天。這是七曜運動和曆法周期理想的起點，稱爲太極上元。案，大，蔡琪本、大德本、殿本作“太”，下文同。

［13］【今注】案，“九章歲而六之爲法”至“萬一千五百二十”，9 乘 19 再乘 6，爲除數 1026，以 23639040 爲被除數，得 23040，陰陽各 11520。

［14］【今注】萬物氣體之數天下之能事畢：有形之氣和無形之氣的萬物之數，天下一切現象都包括了。

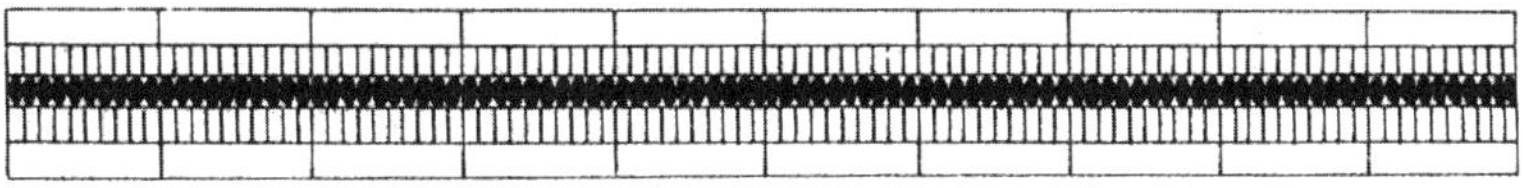

圖 1　《中國古代計量史圖鑒》所示 1 漢尺與 100 粒黍等長圖

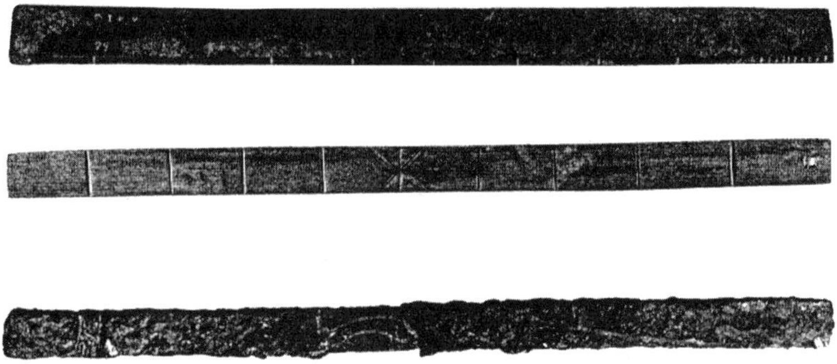

圖 2　上：南京大學藏 1931 年河南洛陽市金村古墓出土戰國銅尺，
長 23. 1 釐米
中：廣西博物館藏貴縣羅泊灣墓出土西漢木尺，長 23. 0 釐米
下：中國社會科學院考古研究所藏河北保定市滿城西漢中山靖王
劉勝墓出土西漢鐵尺，長 23. 2 釐米

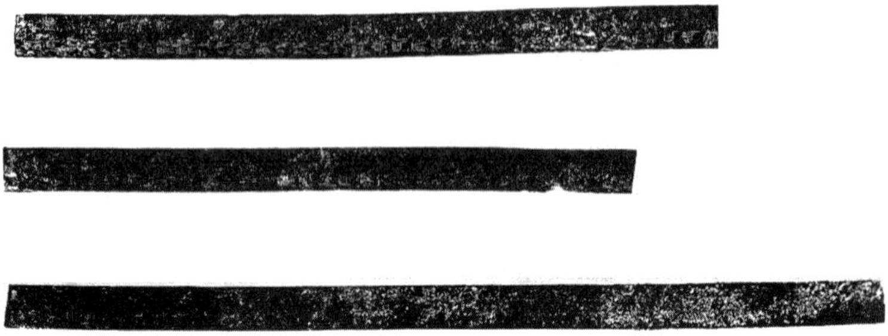

圖3　臺北“故宫博物院”藏1927年甘肅定西縣稱溝驛出土新莽銅丈，高229.2釐米、寬4.7釐米、厚2.4釐米，與以上記載吻合。出土時已折爲三截。經推算一尺等於23.03釐米。

圖4　撮

圖5　龠

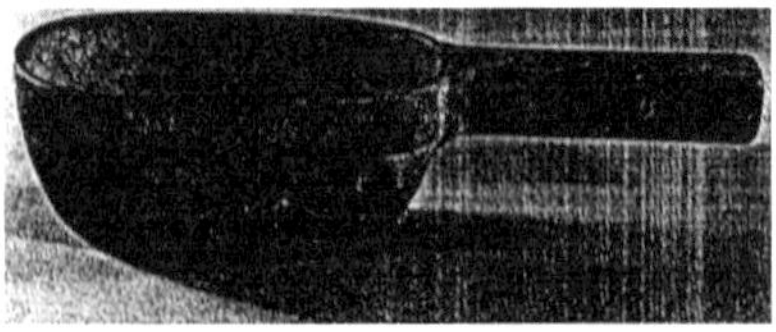

圖6　河南黽池縣出土銅升

圖 7　新莽始建國量器

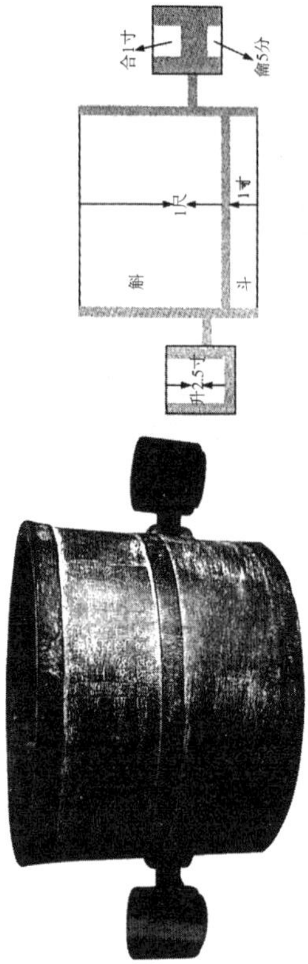

圖 8　臺北“故宫博物院”藏新莽銅嘉量

圖 9　陝西富平縣出土“武庫一斤”銅權

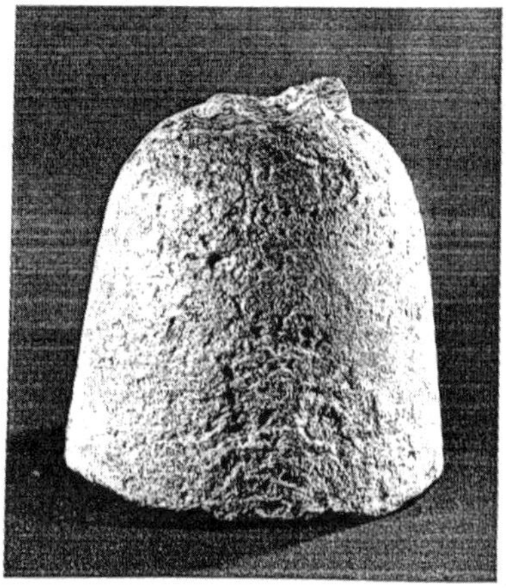

圖 10　河北保定市滿城區出土三鈞鐵權

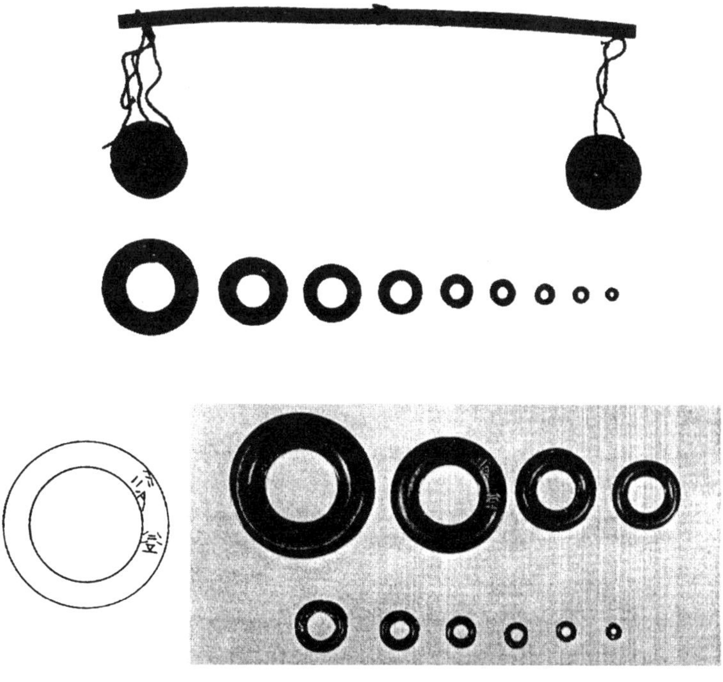

圖 11　湖南長沙市左家公山墓出土戰國楚衡器